新疆特色的轨道交通类专业教学体系研究课题成果

Guidao Jiaotong Xinhao Xitong Weihu

轨道交通信号系统维护

主　编　叶剑锋　魏　娜
副主编　邓　超[乌鲁木齐城市轨道集团有限公司]
　　　　阿斯耶姆
主　审　孙　亮[乌鲁木齐市城市综合交通项目研究中心]
　　　　侯晓民[新疆交通职业技术学院]

人民交通出版社股份有限公司
China Communications Press Co.,Ltd.

内 容 提 要

本书为新疆特色的轨道交通类专业教学体系研究课题成果之一，是城市轨道交通控制专业教材。本书根据我国城市轨道交通发展情况，系统地介绍了城市轨道交通主流信号设备的基本原理、构成及维护规则。全书分为六个项目，包括城市轨道交通信号系统的认识、信号基础设备（继电器、信号机、计轴器、轨道电路和转辙机）的维护及联锁与闭塞的认知。

本书可作为高等职业院校及中等职业学校城市轨道交通专业教学用书，也可作为城市轨道交通技术人员和系统维修人员的培训教材。

图书在版编目（CIP）数据

轨道交通信号系统维护 / 叶剑锋，魏娜主编. —北京：人民交通出版社股份有限公司，2016.8

新疆特色的轨道交通类专业教学体系研究课题成果

ISBN 978-7-114-13198-1

Ⅰ.①轨… Ⅱ.①叶… ②魏… Ⅲ.①轨道交通—交通信号—信号系统—维修 Ⅳ.①U491.5

中国版本图书馆 CIP 数据核字(2016)第 161404 号

新疆特色的轨道交通类专业教学体系研究课题成果

书　　名：轨道交通信号系统维护
著 作 者：叶剑锋　魏　娜
责任编辑：任雪莲　李　娜
出版发行：人民交通出版社股份有限公司
地　　址：（100011）北京市朝阳区安定门外外馆斜街 3 号
网　　址：http://www.ccpress.com.cn
销售电话：（010）59757973
总 经 销：人民交通出版社股份有限公司发行部
经　　销：各地新华书店
印　　刷：北京盈盛恒通印刷有限公司
开　　本：787 × 1092　1/16
印　　张：8.75
字　　数：212 千
版　　次：2016 年 8 月　第 1 版
印　　次：2016 年 8 月　第 1 次印刷
书　　号：ISBN 978-7-114-13198-1
定　　价：27.00 元

序
PREFACE

2011年11月26日，乌鲁木齐地铁正式得到国家发展改革委的批复，乌鲁木齐市步入轨道交通时代，掀开了地铁建设的热潮。为了适应市场需求，新疆交通职业技术学院于2008年申报开办电气化铁道技术专业，经过多年努力，形成了集轨道交通工程、机电、信号、运营为一体的技能型人才培养格局，与乌鲁木齐城市轨道集团有限公司签订订单培养300多人，在各地铁路部门就业200余人，轨道交通人才培养呈现良好的发展态势。

新专业的开办面临的是人才培养方案的修订、师资队伍的培养、实验实训条件的建设等一系列专业建设问题。为解决好这些问题，本人带领轨道交通专业教学团队，向新疆维吾尔自治区交通运输厅申报了《新疆特色的轨道交通类专业教学体系研究》科技重点课题，在自治区交通运输厅的大力支持下，于2013年7月正式开展相关研究。研究团队先后前往北京地铁、南京地铁、广州地铁等企业进行调研，在广东交通职业技术学院、北京交通运输职业学院、南京铁道职业技术学院等兄弟院校进行了人才培养方案论证和师资培养交流，进而形成了专业人才培养方案和课程标准，以期指导专业建设，同时形成了《轨道交通信号系统维护》等部分特色教材，用于相关专业的教学。现将相关成果进行集中出版，以期能够在更广的范围内获得应用，更是启发后续相关专业建设的关键。

课题研究得到了乌鲁木齐城市轨道集团有限公司的大力支持以及相关企业和兄弟院校的帮助，在此表示诚挚感谢。南京铁道职业技术学院林瑜筠教授，北京交通大学毛宝华教授，广东交通职业技术学院王劲松教授、吴晶教授、黎新华教授，乌鲁木齐城市轨道集团有限公司的徐平、邓超等专家给予了指导和支持，人民交通出版社股份有限公司相关编辑、课题团队成员为系列成果出版做了大量工作，在此一并致谢。

二〇一六年五月

前言
FOREWORD

《轨道交通信号系统维护》是职业教育城市轨道交通专业规划教材之一,在轨道交通类专业快速发展的过程中,面对相关教材数量和质量都偏少的现状,借助新疆交通运输厅科技重点课题的支持,以乌鲁木齐地铁订单班培养为契机,组织教学团队进行教材编写。

本教材秉承任务驱动,项目教学为理念,在注重实践操作的同时,兼顾理论体系的完整性,从而系统地介绍了城市轨道交通主流信号设备的基本原理、构成及维护规则。全书分为六个项目,包括城市轨道交通信号系统的认识、信号基础设备(继电器、信号机、计轴器、轨道电路和转辙机)的维护及联锁与闭塞的认知。其中阿斯耶姆老师参加了项目二、项目三的编写、邓超参加了项目四、项目五的编写,刘焕海、秦文斌老师参加了全书工作单的编写,在此表示真挚的感谢。

本书可作为高等职业院校、中等职业学校城市轨道交通专业教学用书,也可作为城市轨道交通技术人员和系统维修人员的培训教材。在编写过程中参考了部分同类教材、教学参考书及专业工具书,在此向有关作者致谢。由于编者水平有限,书中难免有不足之处,恳请广大读者批评指正。

作　者

二〇一六年五月

目录 CONTENTS

概 述

地铁中的信号系统是保证列车安全、快捷、正点、高密度不间断运行的重要技术装备。要想提高运输能力、降低运营成本，取得良好的社会效益与经济效益，必须配套现代化的安全的信号系统。该系统由行车指挥和列车运行控制设备组成，并设有必要的故障监测和报警设备。

城市轨道交通（包括地铁和轻轨）信号设备是城市轨道交通的主要技术装备，它担负着指挥列车运行、保证行车安全、提高运输效率的重要任务。现代化的城市轨道交通要求城市轨道交通信号设备的现代化。

一、城市轨道交通信号系统的特点

城市轨道交通信号系统沿袭铁路的制式，但由于其自身的特点，与铁路的信号系统有一定的区别。城市轨道交通信号系统的特点是：

（1）联锁关系简单，车载信号是“主体信号”。

城市轨道交通线路短、站间距小、运营密度大、运营线路条件差（隧道、弯道多），不能完全套用大铁路信号的概念、设施和手段；信号系统要根据这些特点加以改进、更新和发展。

城市轨道交通除正线道岔外，一般不设地面信号机。

（2）车载信号的内容是具体的目标速度或目标距离。

目标速度：列车进入某一区段时，接收到列车离开该区段时的控制速度；速度等级根据与先行列车之间的距离来设定。

目标距离：该区段的长度。

（3）自动化水平高，可实现超速防护。

正线列车运行的最小时间间隔，可达到1.5～2.0min；如果列车“晚点”，ATC系统（列车运行控制系统）可通过缩短列车在站时间或提高列车在区间的运行速度等级来自动完成调整。CBTC（基于无线通信的列车运行自动控制系统）可实现车地信息交换不间断进行。当列车速度超过目标速度时，车载ATP子系统自动启动超速防护，确保列车安全、高速运行。

（4）具有完善的列车速度监控功能。

由于城市轨道交通往往承担巨大的客流量，因此对最小行车间隔的要求远高于大铁路。这就对列车速度监控提出了极高的要求，要求其能提供更高的安全保证。

（5）车辆段独立采用联锁设备。

由于城市轨道交通的车辆段具有与大铁路车辆段不同的功能，类似于大铁路区段站的功能，其行车组织工作主要包括编、解、接、发及调车，因而，城轨车辆段的信号设备远多于铁路车站，通常采用独立的装置。

二、城市轨道交通信号系统的组成

地铁信号系统通常包括两大部分：计算机联锁子系统和列车运行控制系统。后者又称为 ATC 系统(Automatic Train Control),其中 ATC 系统又包括列车超速防护 ATP(Automatic Train Protection)、列车自动驾驶 ATO(Automatic Train Operation)及列车自动监控 ATS(Automatic Train Supervision)3 个子系统,简称"3A"系统,如图 0-1 所示。

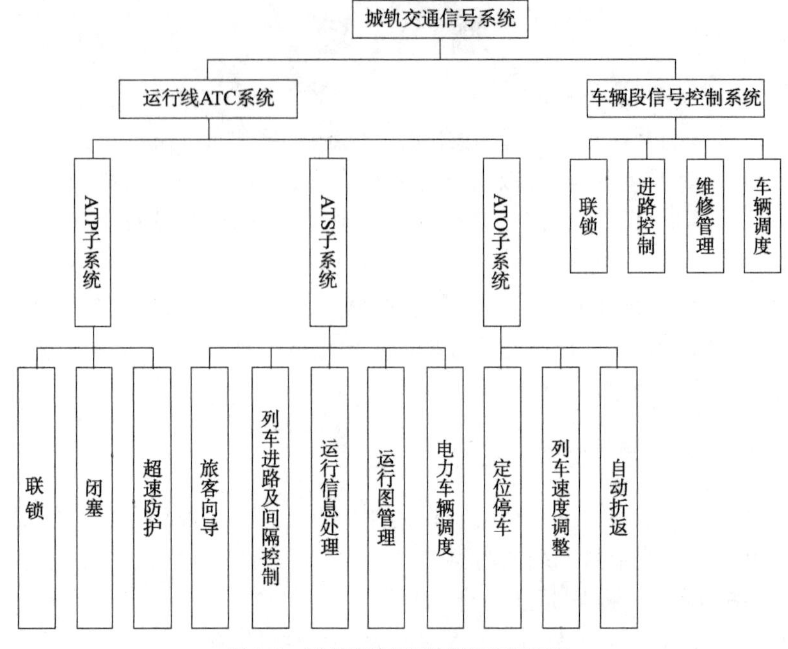

图 0-1　城市轨道交通的信号系统框图

三、列车自动控制系统技术

随着列车运行速度和密度的不断提高,列车控制系统也逐渐由地面信号显示传递行车命令发展到车载列车超速防护设备(简称车载设备)为司机显示根据地面发送的信息、列车参数实时计算出列车运行的允许速度,自动监督列车运行。一旦列车运行速度超过允许速度,车载设备便自动实施常用或紧急制动,可有效防止事故发生。这样,由自动闭塞设备、地车信息传送设备、车载设备构成的系统称为列车运行自动控制系统。

列车运行自动控制系统需设置行车控制中心,沿线各车站设计为区域性联锁,其设备放在控制站(一般为有岔站),列车上安装有车载控制设备。控制中心与控制站通过有线数据通信网连接,控制中心与列车之间可采用无线通信进行信息交换。

一般可按信息传输方式、列车速度控制方式、闭塞制式 3 种方式对 ATC 系统进行分类。具体分类如图 0-2 所示。

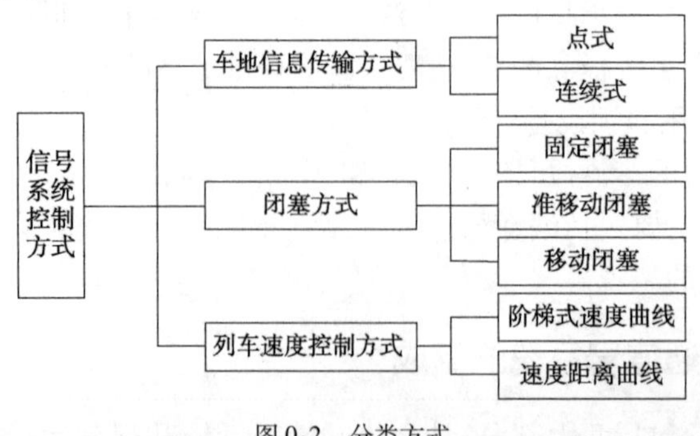

图 0-2　分类方式

1. 按信息传输方式分类

(1)点式

点式信息传输系统主要由音频无绝缘轨道电路和轨旁应答器构成,向车载设备定点传输 ATP 信息,轨道电路用于检测列车的占用情况,应答器用来实现车地数据传输,根据需要还可以用环线来延伸信息点的范围。

(2)连续式

连续式信息传输系统利用多信息或者数字音频无绝缘轨道电路、交叉电缆环线、裂缝波导管或者漏缆等向车载设备提供连续的列车运行信息。这类系统既有检查列车占用功能,同时具有信息传递功能。其特点是信息不间断,提供的信息量大,列车运行安全、平稳舒适。

2. 按闭塞制式分类

目前用于城市轨道交通系统的闭塞方式有 3 种:固定闭塞、准移动闭塞和移动闭塞。

(1)固定闭塞 ATP 系统

采取固定划分区段的轨道电路,即基于传统的多信息音频轨道电路,列车以闭塞分区为最小行车间隔,且需设防护区段,如图 0-3 所示。

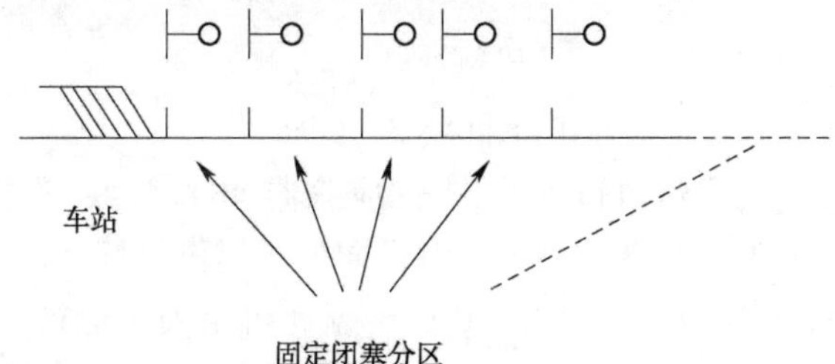

图 0-3　固定闭塞系统信号分布示意图

(2)基于报文式轨道电路的准移动闭塞 ATP 系统

一般采用数字式音频无绝缘轨道电路、音频无绝缘轨道电路 + 感应电缆环线或计轴 + 感应电缆环线方式作为列车占用监测和 ATP 信息传输媒介,具有较大的信息传输量和较强的抗干扰能力。准移动闭塞 ATP 系统采用速度—距离曲线的列控方式,提高了列车运行的平稳性,列车追踪运行的最小安全间隔较固定闭塞短,对提高区间通过能力有利。ATS、ATP 子系统与 ATO 子系统结合性较强,ATC 系统技术成熟。因 ATP 车载设备具有智能化功能,故设备的兼容性较好,车辆有可能适应于不同线路运行需要,或者同一线路设备可适应不同性能车辆运行。

(3)基于通信的移动闭塞 ATP 系统

前两种闭塞制式均属于基于轨道电路的 ATP 系统。基于通信的移动闭塞 ATP 系统不依靠轨道电路,而是采用交叉感应电缆环线、漏缆、裂缝波导管以及无线电台等方式实现车地、地车间双向数据传输,监测列车位置,使地面信号设备可以得到每一列车连续的位置信息和列车运行其他信息。追踪列车之间应保持一个“安全的距离”。这个最小安全距离是指后续列车的指令停车点和前车尾部的确认位置之间的动态距离。该安全距离允许在一系列最不利情况下,信息被循环更新,以保证列车不断收到即时信息。因此在保证安全的前提下,仍能保证安全间隔,并最大限度地提高区间通过能力。

3. 按对列车实施的控制分类

(1)阶梯式速度曲线控制方式(图 0-4)

基于传统的音频轨道电路,其传输的信息量少,对应每个闭塞分区只能传送一个信息代码,即该区段所规定的最大速度命令码或入口/出口速度命令码。列车速度监控采用的是闭塞分区出口检查方式,为保证列车运行的安全,这种滞后的速度检查方式必须要有一个完整的闭塞分区作为列车的安全保护距离。一旦这种区段划分完成,每一列车无论其制动性能如何,其与前行列车的最小追踪距离只与其运行速度、区段划分有关,对于制动性能好的列车,其线路通过能力将受到影响,法国 TVM430 就采用这种控制方式。

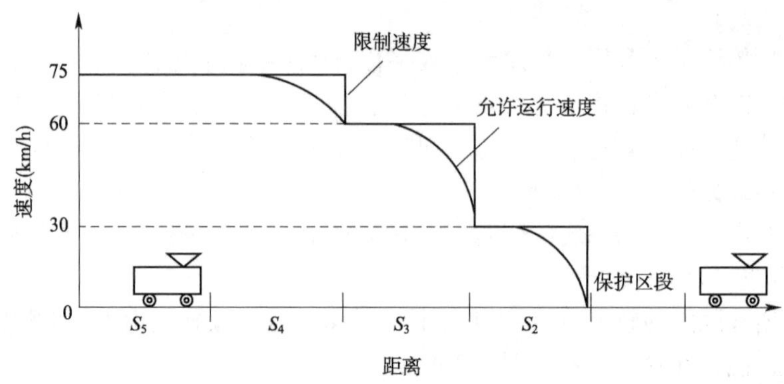

图 0-4 基于固定闭塞阶梯式速度控制方式示意图

(2)速度—距离模式曲线控制方式(图 0-5)

该方式由命令编码单元通过轨道电路、查询应答器、电缆环线、裂缝波导管或无线实施向列车提供目标及限制速度等命令信息。同时还向列车提供目标速度、目标距离、线路状态等信息,在列车的每一个确切位置,车载 ATP 设备据此得出列车运行的速度—距离曲线,保证列车在最高安全速度下运行。该方式能减少闭塞分区长度对列车运行间隔时分的影响。一次连续速度—距离模式曲线方式更适用于高中速列车混跑的线路。

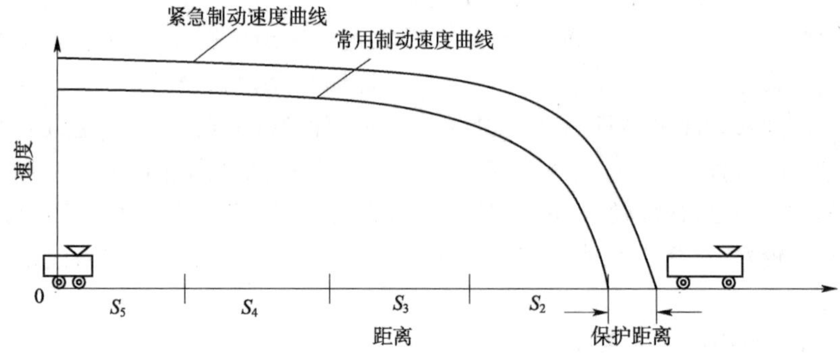

图 0-5 基于准移动闭塞连续曲线速度控制方式示意图

四、ATC 系统各子系统的简单描述

1. 计算机联锁系统

计算机联锁系统由车站设备和轨道设备组成,一般具有 3 取 2 的冗余功能,是以“故障—安全”为原则的安全计算机系统。可实现的主要功能包括:控制并监督轨道电路的空闲及占用,道岔转换及锁闭,信号机的开放和进路的排列、解锁等功能。

一般的联锁元素包括:道岔、信号机、列车位置检测设备、其他接口条件等设备。主要设备如下:

（1）区段空闲/占用检测设备

一般采用计轴或者无绝缘轨道电路，检测列车在各个区间段的空闲/占用情况，并结合区段的占用/空闲逻辑顺序实现近路的解锁。

（2）信号机

安装于站台两侧和道岔防护处，至少含有红、黄、绿三灯位，根据不同设备可以增加一个灯位，例如色灯信号机和 LED 信号机两种。

（3）道岔

在正线道岔中一般使用 ZD6、3700k、ZYJ7 等类型的转辙机，搭配使用外锁闭装置。联锁计算机能不断地监控道岔的位置信息，当设备发生故障时，能及时反馈，并采取安全措施；道岔到位后，能可靠反馈当前位置信息。

联锁基本功能有：根据道岔、信号机、列车位置检测设备、其他接口条件等办理进路，而且只有在进路锁闭和道岔也锁好等联锁条件满足的条件下，才允许开放信号。

2. ATP 子系统

ATP 子系统由车载设备和地面设备组成。该系统必须符合“故障—安全”的原则。主要功能包括：自动连续检测列车位置，确定 ATP 信息的发送方向；确保列车之间的安全距离，防止列车超速运行，及时显示列车车速、列车限速、目标速度、目标距离等信息，对列车超速、设备故障进行报警；完成列车自动折返的监督。

为实现最佳行车间隔，正线区间线路、车站和试车线应装设列车定位设备、ATP/ATO 室内外设备及车—地双向通信设备。基于通信的方式包括交叉轨道环线、裂缝波导、无线传输、应答器（信标）或其他方式的车—地双向通信设备。ATP 轨旁及联锁设备分布设于设备集中站，或集中设于控制中心。

所有载客列车均装设 ATP 车载设备，装备的车载 ATP 系统应具有热备冗余，除车载 MMI（司机盘、有关操作按钮、指示灯）外，主、备车载设备互为冗余、自动转换。转换时间以不影响列车正常运行或司机正常驾驶为原则。

ATP 系统的主要功能如下：

（1）设置保护区段和停车点。

（2）速度的监督。

（3）安全线被侵犯情况下的紧急制动。

（4）车门监控。

（5）实际速度的测试。

（6）停车精度的监控。

（7）无人驾驶的列车自动折返监控。

（8）车载信号设备的人机界面，主要提供显示及报警功能。

（9）支持不同驾驶模式下的列车控制，一般的驾驶模式有：ATO 自动驾驶模式；列车有人或无人自动折返模式；ATP 监督下的人工驾驶模式；ATP 固定限速下的人工驾驶模式。

3. ATO 子系统

ATO 子系统是自动控制列车运行的设备。在 ATP 的保护下，根据 ATS 的指令实现列车的自动驾驶，能够自动完成对列车的启动、牵引、巡航、惰行和制动的控制，确保达到列车运行设计间隔及旅行速度。

所有载客列车均装设 ATO 车载设备，全线安装车—地双向通信设备（包括折返线、存车线、联络线、出入段线），定位设备。ATO 子系统是自动控制列车运行的设备。ATO 子系统的主要功能为：在 ATP 的保护下，根据 ATS 的指令实现列车的自动驾驶，能够对列车的站台精确停车、开启和关闭车门及屏蔽门、调整列车运行状态（包括启动、加速、惰行、巡航以及制动），做到完全自动控制，并确保达到设计间隔及速度，另外与 ATS/ATP 交换信息及控制车载广播。

4. ATS 子系统

ATS 子系统主要实现对列车运行的监督和控制，辅助调度人员对全线列车进行管理。其功能包括：对调度区段内列车运行情况的集中监视与控制，监测进路控制、列车间隔控制设备的工作情况；按行车计划自动控制道旁信号设备以接发列车，对列车运行实迹的自动记录，时刻表自动生成、显示、修改和优化，运行数据统计及报表自动生成，设备运行状态监测，设备状态及调度员操作记录，运输计划管理等，还具有列车车次号自动传递等功能。

ATS 子系统包括控制中心设备和 ATS 车站、车辆段分机。控制中心 ATS 设备包括中心计算机系统、工作站、显示屏、绘图仪、打印机、UPS 等。每个控制站设一台 ATS 分机，用于采集车站设备的信息和传送控制命令，并实现车站进路自动控制功能。车辆段 ATS 分机用于采集车辆段内库线的列车占用情况及进/出车辆段的列车信号机的状态。

此外，在 ATC 范围内的各正线控制站各设一套联锁设备，用以实现车站进路控制。联锁设备接受车站值班员和 ATS 控制。考虑到运用的灵活性，正线有岔站时，原则上独立设置联锁设备，当然也可以采用区域控制方法。

五、故障处理基本要领

1. 业务素质

（1）熟识管内所有设备的分布情况。

（2）熟识管内所有设备的工作原理。

（3）熟识设备图纸。

2. 个人素质

（1）具有一定的处理与分析故障的经验。

（2）具备良好的思维判断分析能力。

（3）具备良好的心理素质，处理故障时稳扎稳打，不慌不躁。

3. 怎样查找故障

（1）查找方法要正确，判断要正确。

（2）查找故障的实践经验要与理论指导相结合。

（3）区别故障是室内还是室外。

（4）查找电气故障应以仪表使用为主。

（5）查找机械故障要以观察为主。

（6）查找软件故障应以专用诊断软件应用及原理分析为主。

一般的故障处理判断方法有：逻辑推理法、优选法、比较法、断线法、校核法、试验分析法、观察检察法、调查研究法、逐项排除法、仪表测试法等。

4. 处理故障的程序

了解情况→登记→询问→核实故障→分析、判断→查找→处理→复查试验→消记汇报→吸取教训。

(1)了解概况和应急处理

首先了解故障概况，了解列车运行情况和是否已经构成事故。一般接收故障的为部门或分部轮值，由于是故障接收的第一个环节，对故障的描述要尽量力求准确。必要时根据应急预案安排应急处理。及时通知值班信号人员尽快赶往现场处理。

(2)登记

信号人员到达现场后(车控室等)办理登记手续，必要时停用相关设备。

(3)询问

向有关人员详细了解故障发生时的设备状态，采用的方法是口问、耳听、眼看，但是不能动手。要针对关键问题提出询问，将第一手资料了解清楚。

一旦发生与信号有关的重大事故时，切记不要擅自开启箱门、乱动设备，同时要派人监视并保护事故现场，迅速报告上级。

(4)核实故障情况

根据已经掌握的资料，要亲自动手试验，核实故障情况。

(5)分析、判断

对了解、询问、试验所获得的第一手资料进行综合分析，对故障原因和范围做出符合客观事实的大致判断。

在对故障未进行了解、询问、试验、分析、判断之前，绝不可盲目东奔西跑，乱动设备。

定时汇报故障处理情况，判断是否处理，必要时提出支援要求。

(6)查找

根据判断出的大致范围，运用各种不同的处理方法，迅速查找出故障的真正原因。要求做到：

①动作迅速、准确，尽量使故障自动恢复。

②区别故障是在室内还是室外，必须十分慎重。因为室内或室外一般相距数百米，如果判断失误，徒劳往返，不但劳而无功，更主要的是延误了处理故障的时机，致使原来经过努力可以不影响行车的故障却耽误了行车。

③查找方法要正确。对复杂的故障要用多种方法查找，把真正的原因找到。

④对原因不明自动恢复的故障，要将发生故障的可能性进行彻底检查。不但要检查静态时的性能，更要检查动态时的性能。说话要有根据，不轻易下结论。

经检查信号设备确无故障后，则要考虑外界的影响，有些故障也可能是两个或多个因素同时产生造成的。在未查出原因以前，信号故障处理人员不要擅自离开现场。

⑤定时汇报故障处理情况，判断能否处理，必要时提出支援要求。

(7)处理

处理办法得当，严禁采用非法手段办理闭塞、转换道岔、开放信号，严禁代替行车人员办理闭塞、转换道岔、开放信号，绝不能因小失大，为避免发生一般行车事故而违章作业造成人为重大事故。

对涉及非信号专业影响的故障，如找到原因要及时与相关专业人员联系而不要自行处理。为了减少对行车的影响，急于修复时，可在其委托下，会同车站值班员或有关人员一起处理，并做好登记，由信号和车站双方共同签认。

处理时要保存好故障实物，如熔断器、灯泡、线头、线圈、引接线、导接线、电阻、电容和晶体管元件等不能丢失，并保持故障实物原状，便于分析故障。

(8)复查试验

故障排除后,使设备恢复正常状态,对涉及故障的设备,经复查试验确认良好后,才能交付使用,绝不能未经试验盲目同意车站使用。

(9)消记汇报

取消登记时,要填写故障修复时间和故障原因,由信号和车站双方签字,要及时将故障发生情况和处理结果如实向上级报告,并记录好信号故障情况。

(10)吸取教训

根据“四不放过”的要求及时进行分析,吸取经验教训,制订防范措施。

项目一 继 电 器

导入

继电器是自动控制和远程控制系统必不可少的元件,用于闭合或断开控制电路。能以极小的电信号控制执行电路中相当大功率的对象,并能控制数个对象或数个回路,具有典型的继电特性,一般由电磁系统和接点系统两大部分组成。电磁系统由磁路和线圈组成,是继电器的感受机构,专门用来接受和反映输入物理量的性质,接点系统是继电器的执行机构,用于实现控制目的。

知识点1 继电器简介

一、继电器的组成及原理

继电器由接点系统和电磁系统两大部分组成,电磁系统由线圈、固定的铁芯、轭铁以及可动的衔铁构成。接点系统由动接点、静接点构成,如图1-1所示。

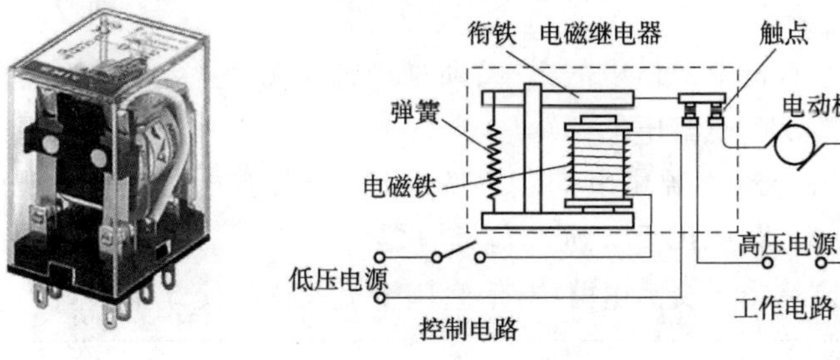

图1-1 继电器外观及内部组成

从图1-2可以看出,接通电源后,会产生电磁效应,电磁力就会吸引衔铁,使它接触到铁芯,带动衔铁的常闭触点与常开触点吸合,在电流切断后,电磁的吸力也就没有了,衔铁就又返回到原来的位置,将电路切断。

继电器的组成位置如图1-3所示,其基本的工作原理如下:

线圈通电→产生磁通(衔铁、铁芯)→产生吸引力→克服衔铁阻力→衔铁吸向铁芯→衔铁带动动接点动作→前接点闭合、后接点断开→电流减小→吸引力下降→衔铁依靠重力落下→动接点与前接点断开,后接点闭合。

因此,继电器具有开关特性,可利用它的接点通、断电路,构成各种控制和表示电路。例如可构成信号点灯电路,前接点接通时点亮绿灯,后接点接通时点亮红灯。

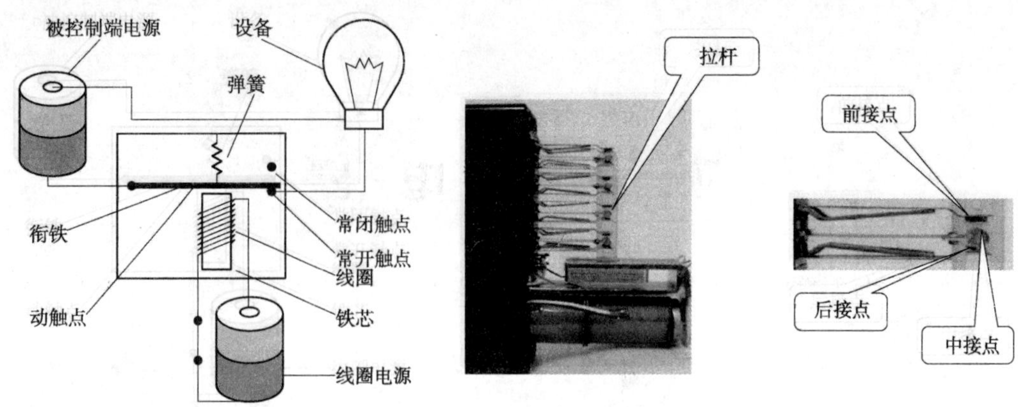

图 1-2　继电器工作原理简图　　　　图 1-3　继电器组成位置图

二、继电器的作用

继电器由于具有继电特性,能以极小的电信号来控制执行电路中相当大的对象,能控制数个对象和数个回路,并能控制远距离的对象。信号继电器在以电子元件和微型计算机构成的系统中,经常作为其接口部件,将系统主机与信号机、轨道电路、转辙机等执行部件结合起来。

三、继电器的分类

(1)按动作原理分类,可分为电磁继电器和感应继电器。

电磁继电器是通过继电器线圈中的电流在磁路的气隙(铁芯与衔铁之间)中产生电磁力,吸引衔铁,带动接点动作的。地铁运用的大多是此类继电器。

感应继电器是利用电流通过线圈产生的交变磁场与另一交变磁场在翼板中所感应的电流相互作用产生电磁力,使翼板转动而动作的。如:50Hz 轨道电路内使用的交流二元二位继电器。

(2)按动作电流分类,可分为直流继电器和交流继电器。

直流继电器是由直流电源供电的,它按所通电流的极性,又可分为无极、偏极和有极继电器。直流继电器都是电磁继电器。

交流继电器是由交流电源供电的。它按动作原理,有电磁继电器,也有感应继电器。如:交流灯丝转换继电器、JRJC 型二元二位继电器。

整流式继电器虽然用于交流电路中,但它用整流元件将交流电整流为直流电,所以其实质上是直流继电器。

(3)按输入量的物理性质分类,可分为电流继电器和电压继电器。

电流继电器反映电流的变化,它的线圈必须串联在所反映的电路中。该电路中必有所被反映的器件,如电动机绕组、信号灯泡等。

电压继电器反映电压的变化,其线圈励磁电路单独构成。

(4)按动作速度分类,可分为正常动作继电器和缓动继电器。

正常动作继电器衔铁动作时间为 0.1 ~0.3s。大部分信号继电器属于此类。

缓动继电器分为缓吸、缓放。衔铁动作时间超过 0.3s。时间继电器是利用脉冲延时电路或软件设定使之缓吸。

(5)按工作可靠程度分类,可分为安全型继电器和非安全型继电器。

安全型继电器(N 型):N 型继电器主要依靠衔铁自身释放,故又称重力式继电器。它无须借助于其他继电器,亦无须对其接点在电路中的工作状态进行监督检查,其自身结构即能满足一切安全条件。

非安全型继电器(C 型):是必须监督检查接点在电路中的工作状态,以保证安全条件的继电器。C 型继电器主要依靠弹簧弹力释放衔铁,故又称弹力式继电器。

所谓安全型继电器是指它的结构必须符合“故障—安全”原则,是一种不对称器件,在故障情况下使前接点闭合的概率远小于后接点闭合的概率。

安全型继电器的“故障—安全”措施通常有以下三种:①前接点采用熔点高的材料;②利用“重力恒定”原理,增加衔铁重量;③采用残磁极小的铁磁材料,衔铁不因机械故障而卡在吸起状态等。

知识点 2　安全型继电器

一、型号表示

安全型继电器是直流 24V 系列的重力式直流电磁继电器,其典型结构为无极继电器,其他各型继电器由无极继电器派生。因此,绝大部分零件都能通用。

安全型继电器的型号采用汉字拼音字母和数字表示,字母表示继电器种类,数字表示线圈的阻值。如图 1-4 所示。其中文字符号含义见表 1-1。

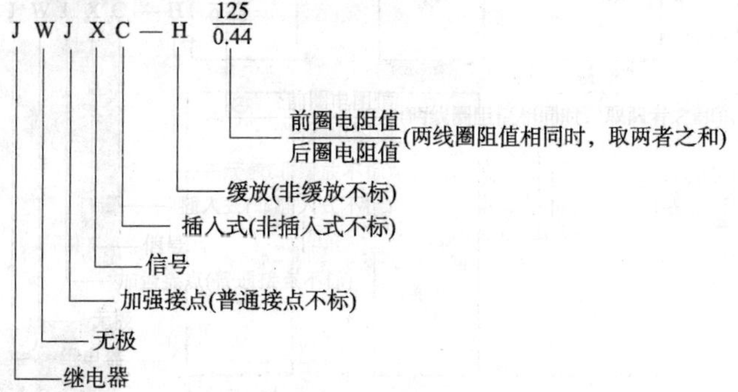

图 1-4　安全型继电器的型号表示方法

继电器型号的文字符号含义　　表 1-1

代号	含义		代号	含义	
	安全型	其他类型		安全型	其他类型
A		安全	R		
B		半导体	S		时间、灯丝、双门
C	插入	插入、传输、差动	T		通用、弹力
D		动态	W	无极	
DB	单闭磁		X	信号	
H	缓放	缓放	Y	有极	信号、小型
J	继电器、加强接点	继电器、加强接点、交流	Z	整流	整流、转换
P	偏极				

二、继电器的插座

安全型继电器组成插入式，需要加装继电器插座板。用于安装接线端子，便于安装在导轨上。利用继电器下部螺栓露出部分将继电器插座板插入，用螺母固定，然后用螺母紧固型别盖。型别盖的作用是为了插入式继电器与插座插接时，保证不同类型继电器不至于插错位置。继电器有很多类型，为了防止不同类型的继电器错误插接，在插座下部鉴别孔内铆以鉴别销。图1-5为插座接点编号对照。

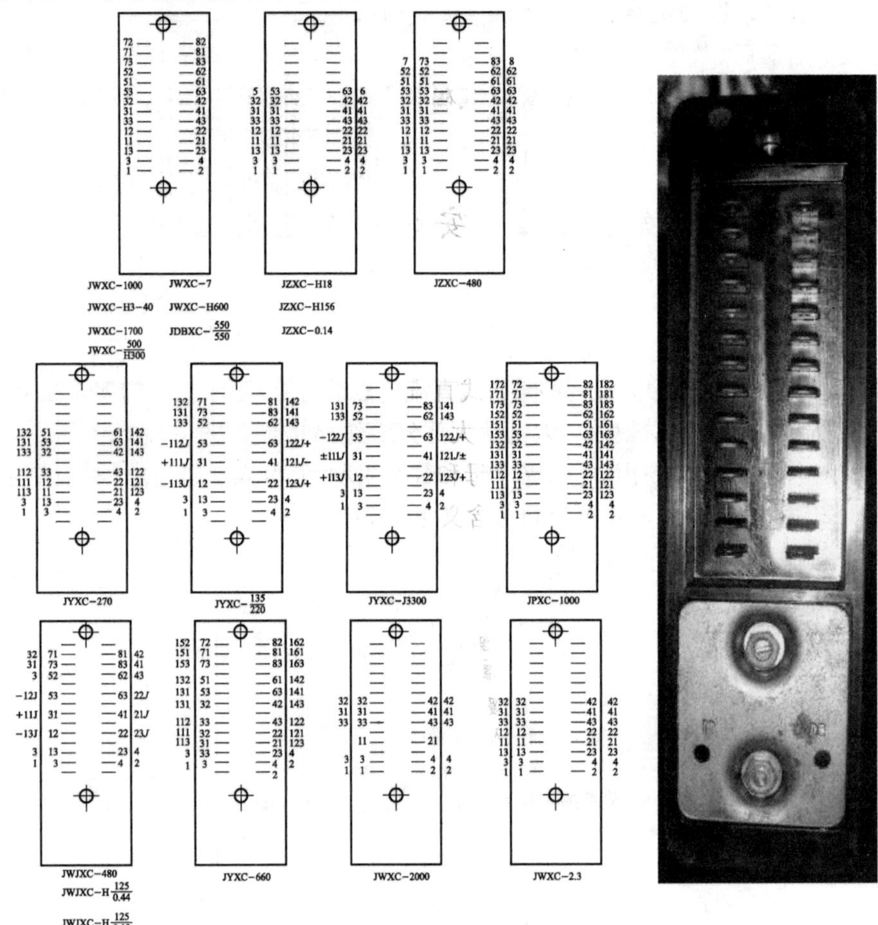

图1-5　插座接点编号对照

三、安全型继电器的特点

前接点代表危险侧信息；后接点代表安全侧信息。

故障—安全原则：发生安全侧故障的可能性远远大于发生危险侧故障的可能性，处于禁止运行状态的故障有利于行车的安全，称为安全侧故障，处于允许运行状态的故障可能危及行车安全，称为危险侧故障。由于其在故障情况下，故前接点闭合的概率远远小于后接点闭合的概率。

四、安全性继电器的接点

继电器接点是继电器的执行机构，通过接点来反映继电器的状态，进行电路的控制。对于继电器接点有较高的要求，从接点材料到接点结构，从接点组数到接点容量。对频繁通断大电流的接点，还必须采取灭火花措施。

(1)对接点系统的要求：接点闭合时，接触可靠，接触电阻小而且稳定；接点断开时，要可靠分开，接点间电阻为无穷大，即有一定的间隙；接点闭合和断开过程中不得有颤动；不得发生熔接；耐各种腐蚀；导热率和导电率要高；使用寿命长。

(2)接点参数：接点压力、接点齐度、接点间隙、接点滑程。

(3)接点容量：即继电器接点所允许通过的最大电流。

(4)接点材料：一般继电器要求接点材料的电阻系数小，抗压强度低，而且选用不易氧化或其氧化物电阻率小的材料。

(5)接点的接触形式：分为点接触、线接触、面接触3种(图1-6)。如JWXC型无极继电器的接点采用点接触方式。JYJXC-135/220型加强接点有极继电器，其接点采用面接触方式。

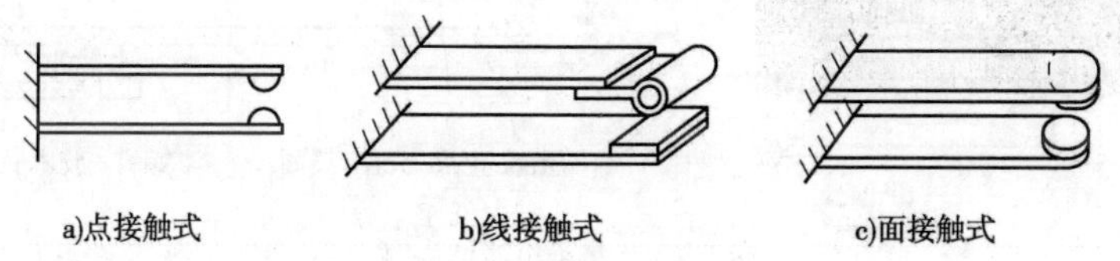

a)点接触式　　b)线接触式　　c)面接触式

图1-6　接点的接触形式

(6)接点灭火花电路：采用灭火花电阻与接点并联是最常用的方法。在接点断开的瞬间，电感负载所产生的感应电流流经并联在接点上的电容和电阻串联电路，使接点上的电压降至击穿空气隙电压之下，而避免发生火花。此时，磁场能量消耗在回路电阻上。

(7)熄灭接点电弧：当电路中电流较大时，接点断开过程中，由于在强大电场作用下从负极发出的电子具有足够大的能量使气体气子发生强烈游离，就在接点间产生电弧。电弧温度很高，就会引起接点材料的蒸发和喷溅，更增加了接点的电腐蚀，同时还引起接点的表面氧化。因此必须设法熄灭接点电弧。

五、安全型继电器的结构和动作原理

1. 无极继电器

无极继电器由电磁系统和接点系统两大部分组成。电磁系统包括线圈、铁芯、轭铁和衔铁，如图1-7所示。

在线圈上加上直流电压后，线圈中的电流使铁芯磁化，在铁芯内产生工作磁通，它由铁芯极靴处经过主工作气隙进入衔铁，又经过第二工作气隙进入轭铁，然后回到铁芯，形成一闭合回路。在工作气隙处，由于磁通的作用，铁芯与衔铁间产生电磁吸引力，当电磁力大到足以克服机械负载的阻力(主要是衔铁自重)时，衔铁即与铁芯吸合。此时衔铁通过拉杆带动动接点运动，使后接点断开，前接点闭合。

当线圈中的电流减小时，铁芯中的磁通按一定规律随之减小，吸引力也随之减小。当电流小到一定值时，它所产生的吸引力小于机械力时，衔铁离开铁芯，被释放。此时拉杆带动动接点运动，使前接点断开，后接点闭合。

2. 有极继电器

有极继电器根据线圈中电流极性不同而具有定位和反位两种稳定状态，这两种稳定状态在线圈中电流消失后，仍能继续保持，故又称极性保持继电器。它的特点是磁系统中增加了永久磁钢。在线圈中通以规定极性的电流时，继电器吸起，断电后仍保持在吸起位置；通以反方向电流时，继电器打落，断电后保持在打落位置。图 1-8 为有极继电器结构图。

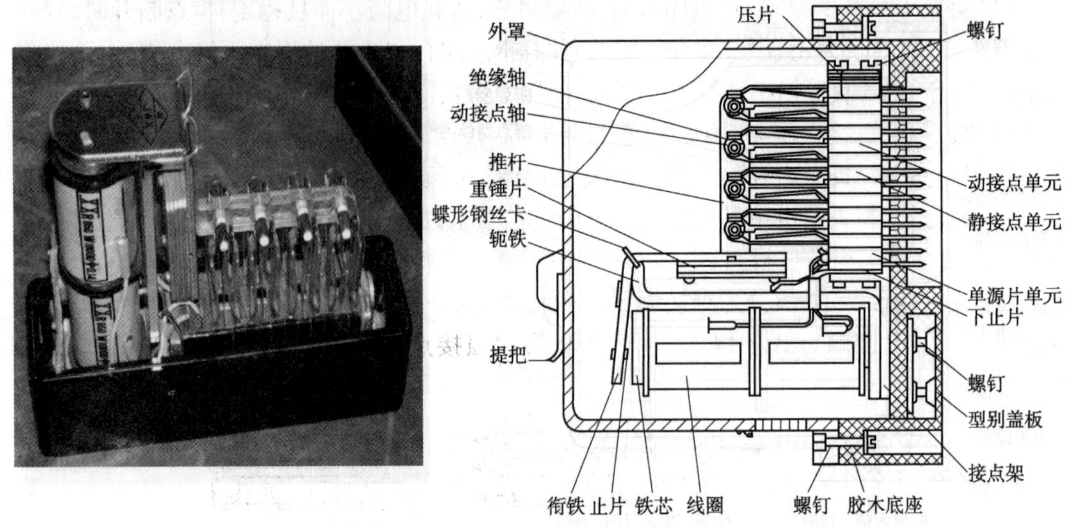

图 1-7　无极继电器结构图

3. 整流式继电器

整流式继电器用于交流电路中。它通过内部的半波或全波整流电路将交流电变为直流电而动作。之所以如此，是为了避免在 AX 系列继电器中采用结构形式完全不同的交流继电器，以提高产品的系列化、通用化程度。整流式继电器的动作原理与无极继电器相同。在接点组上方安装二极管组成整流电路。如图 1-9 所示，交流电源接电源片 7、8 线圈若并联使用，则电源片 1、4 端连接。接点组数一般有 6 组或 4 组。

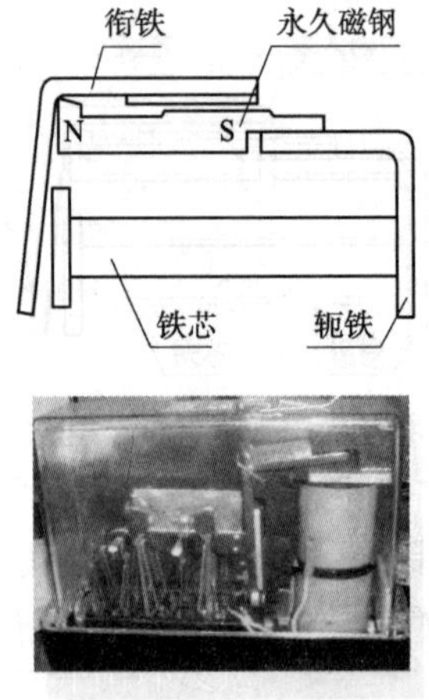

图 1-8　有极继电器结构图

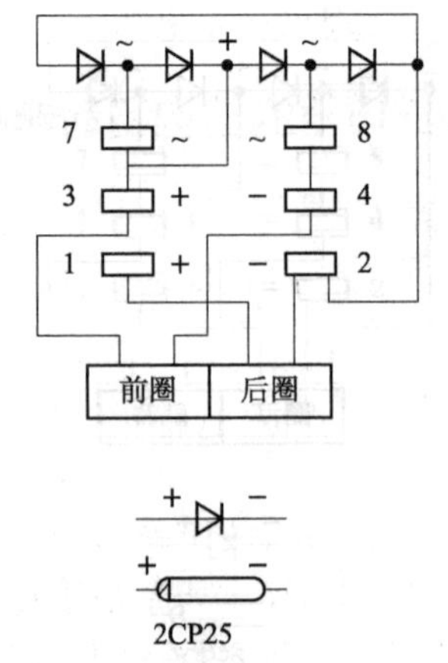

图 1-9　整流式继电器电路原理图

4. 偏极继电器（鉴别电流极性）

偏极继电器（图 1-10）是为了满足信号电路中鉴别电流极性的需要设计的。它与无极继电器不同，衔铁的吸起与线圈中电流的极性有关，只有通过规定方向的电流时，衔铁才吸起，而电流方向相反时，衔铁不动作。但它又不同于有极继电器，只有一种稳态，即衔铁靠电磁力吸起后，断电器落下，落下是稳定状态。

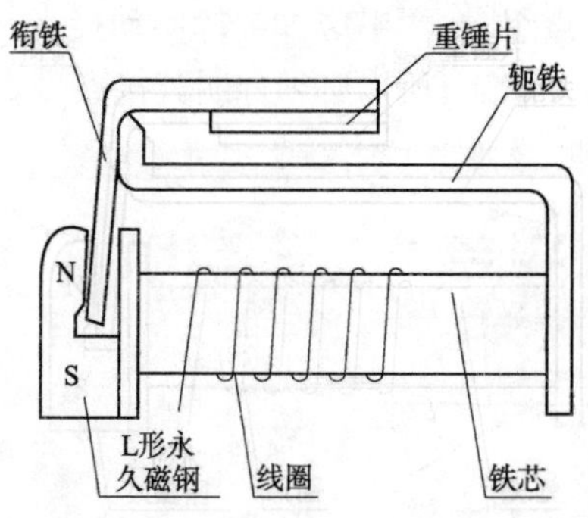

图 1-10　偏极继电器结构图

除了以上介绍的几种继电器外，时间继电器和二元二位继电器也属于安全型继电器，在轨道交通系统都有广泛应用。

知识点 3　继电器电路

应用继电器构成的各种控制表示电路，统称为继电器电路。

一、继电器的名称符号

继电器一般是根据它的主要用途和功能来命名的，例如反映按钮动作的继电器称为按钮继电器，控制信号的继电器称为信号继电器。为了便于标记，继电器符号用汉语拼音字头来表示，例如按钮继电器表示为 AJ，信号继电器表示为 XJ。

二、继电器的定位

继电器的定位状态必须和设备的定位状态一致。如：信号机以关闭为定位状态；道岔以开通为定位状态，轨道电路以空闲为定位状态。

继电器的落下状态必须与设备的安全侧相一致，满足“故障—安全”原则。如：信号继电器落下—信号机的关闭，轨道继电器的落下—轨道电路被占用。在电路中，凡是以吸起为定位状态的继电器，其接点和线圈均以“↑”符号表示，凡是以落下为定位状态的继电器，其接点和线圈以“↓”表示。

关于继电器的符号，对丁线圈必须注明其定位状态箭头和线圈端了号。对于其接点只需标出其接点组号，而不必详细标明动、前、后接点号，但必须标出箭头方向。

总体原则：

继电器吸起——(动)中接点与前接点闭合，与后接点断开。

继电器落下——(动)中接点与前接点断开，与后接点闭合。

注意事项：

箭头的含义如图 1-11 所示。

节点的画法：

要辨别清楚哪个节点接在电路中。

对于继电器的前接点和后接点，只标出其接点组号，而不必详细标明动接点、前接点、后接点号。而对于有极继电器，因无法用箭头表示其状态，所以必须标明其接点号。

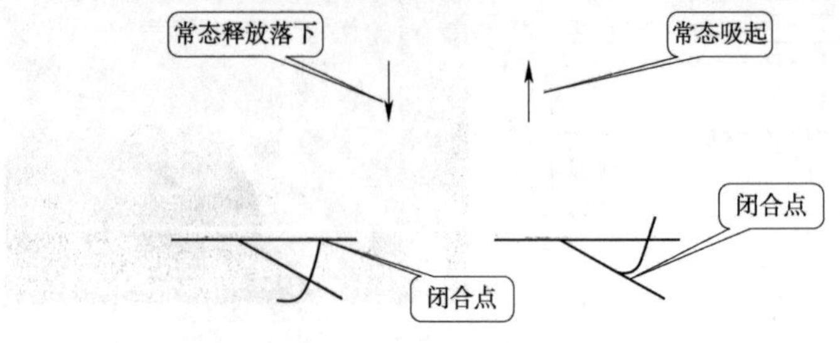

图 1-11　箭头的含义

三、继电器线圈的使用

必须满足继电器的工作安匝和释放安匝。

串联：前后线圈串联；如 JWXC-1700。

并联：前后线圈并联；如 JWXC-850/850。

单线圈使用时，为了保证得到与两线圈串联使用同样的工作安匝，通过线圈的电流必须比串联时大一倍，所消耗功率也大一倍。此时，电源容量要大，线圈易发热。因此，继电器大都采用两线圈串联使用的方法。但当电路需要时，也可采用分线圈使用的方法。两线圈并联使用时，所需电压比串联时低一半，一般使用在较低电压的电路中。继电器线圈的图形符号及继电器接点的图形符号分别如表 1-2、表 1-3 所示。

继电器线圈的图形符号　　表 1-2

序号	符　　号	名　　称	说　　明
1		无极继电器	
			两线圈分接
2		无极缓放继电器	
3			单线圈缓放
4		无极加强继电器	
5		有极继电器	
6		有极加强继电器	
	2 1 3 4		两线圈分接
7	4 1	偏极继电器	
8		整流式继电器	

继电器接点的图形符号 表 1-3

序号	符号：标准图形	符号：简化图形	名称	说明
1	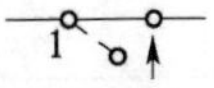	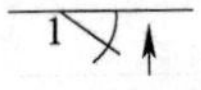	前接点闭合	
2	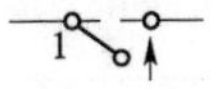	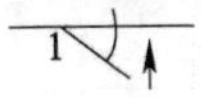	后接点断开	
3	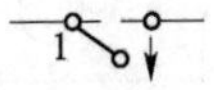	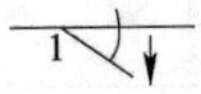	前接点断开	
4	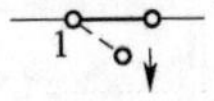	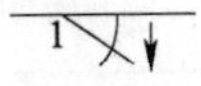	后接点闭合	
5	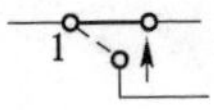	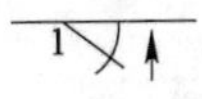	前、后接点组	前接点闭合 后接点断开
	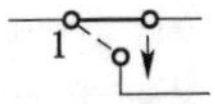	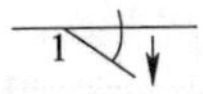		前接点断开 后接点闭合
6	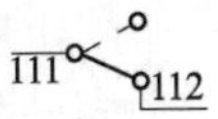	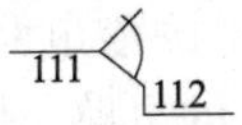	极性定位接点闭合	
7	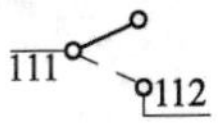	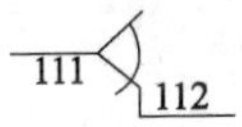	极性定位接点断开	
8	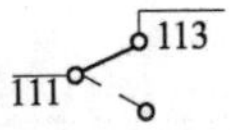	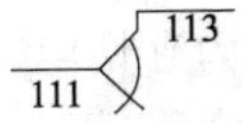	极性反位接点闭合	
9	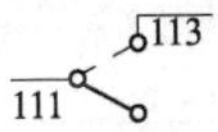	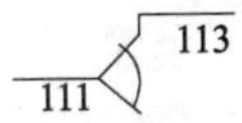	极性反接接点断开	
10	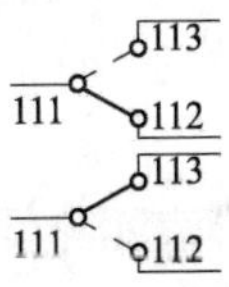	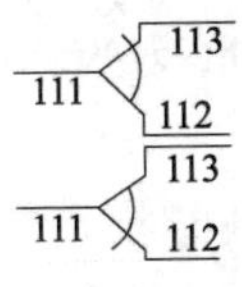	极性定、反位接点组	定位接点闭合 反位接点断开 定位接点断开 反位接点闭合

四、继电器基本电路

根据继电器接点在电路中的连接方式，继电电路可分为串联、并联和串并联 3 种基本形式。

1. 串联电路

串联电路指继电器接点串联连接的电路，其功能是实现逻辑“与”的运算。如图 1-12 所示为一串联电路，3 个接点必须同时闭合才能使继电器 DJ 吸起。从逻辑功能来看，接点在电路中的串接顺序是任意的，而且动接点是否接向电源也是任意的。

2. 并联电路

由几个继电器接点并联连接的电路称为并联电路，它的功能是实现逻辑“或”运算。如图 1-13 所示为 3 个接点并联的例子，其中任一个接点闭合都会使继电器吸起。

3. 串并联电路

根据逻辑功能的要求，在电路中有些接点串联，有些是并联，这类电路称为串并联电路，如图 1-14 所示。

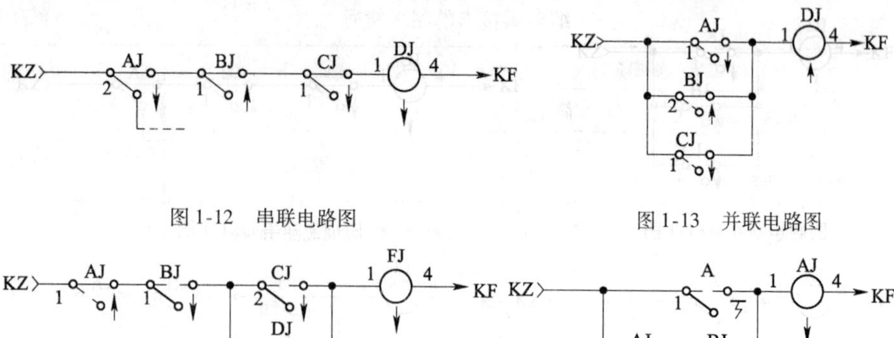

图 1-12　串联电路图

图 1-13　并联电路图

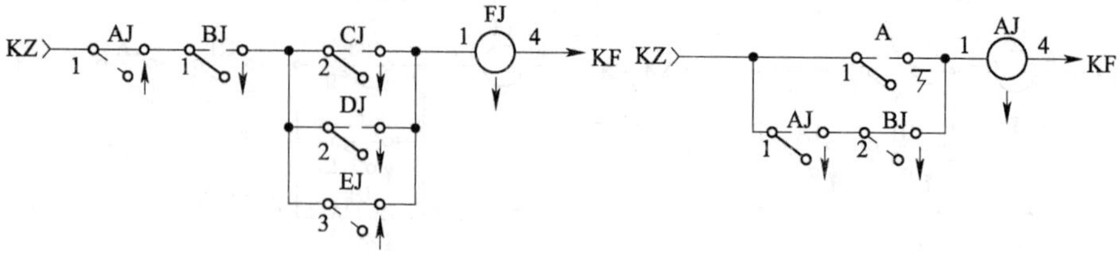

图 1-14　串并联电路

4. 自闭电路

在继电器构成的控制系统中，常需要将某一动作记录下来为以后的过程做准备。例如按钮继电器电路，按下自复式按钮后，继电器经过励磁电路吸起。但松开按钮后，继电器就不能保持吸起。为此，可增加由自身前接点构成的电路，使按钮松开后，继电器不落下。这条由自身前接点构成的电路称为自闭电路。

5. 互切电路

在励磁电路中串联另一继电器的后接点，称为互切电路。

五、继电器电路的分析法

1. 动作程序法

动作程序法用来表示继电器的动作过程，着重反映继电器的时序关系，而不严格地表达逻辑功能。

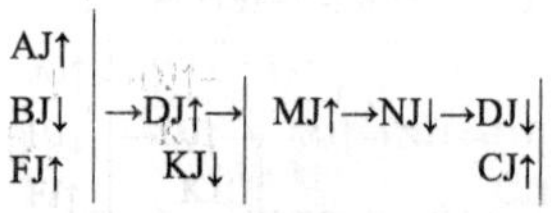

AJ↑ | →DJ↑→ | MJ↑→NJ↓→DJ↓
BJ↓ | KJ↓ | CJ↑
FJ↑

图 1-15　动作程序法

用符号表示各继电器状态的变化："↑"表示继电器的吸起；"↓"表示继电器落下；"→"表示促使继电器吸起、落下；"|"表示逻辑"与"。如图 1-15 所示。

小贴士

这里箭头表示继电器的动作，不要和电路图中表示继电器定位状态的↑、↓相混淆。

2. 图解法

整个电路动作过程与继电器的时间特性（如缓放时间的长短）密切相关。这时，可用时间图解法来较准确地进行分析。如图 1-16 所示。

3. 接通径路法

接通径路法（曾称接通公式法）用来描述继电器励磁电流的径路，即由电源正极经继电器接点、线圈及其他器件（按钮接点、二极管等）流向电源负极的回路，它是在分析继电器电路中常用的方法（俗称跑电路）。

六、继电器电路的安全措施

（1）选用继电器的励磁状态作为信号开放的条件。

(2)对于控制远距离的继电器等元件，将电源与继电器设在不同端。

(3)采用双极接通电路(控制去线和回线都串入控制的条件接点)。

(4)继电器不工作时分路(短路)继电器线圈。

(5)避免对几个继电器电路采用共用回线。

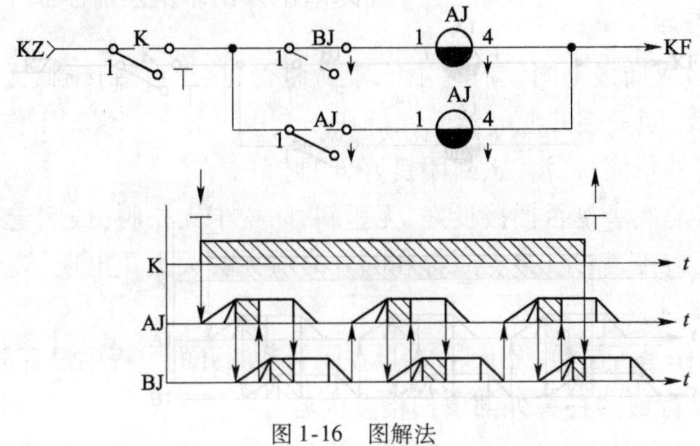

图 1-16 图解法

知识点4 继电器的常见故障与维护

一、继电器电路的常见故障

继电器常见的故障有:熔断器熔断、断线、脱焊、螺钉松脱、线圈烧坏、接点接触不良、线路混入电源等。

电路开路(断线故障):使继电器错误落下,或不能吸起。

电路短路(短路故障):使继电器错误吸起,或不能落下。

二、常用养护维修的注意事项

(1)继电器的各转动部分应动作灵活,检查衔铁正常动作是否受阻。

(2)接点有无烧损、腐蚀、磨损现象。接点闭合、断开时应无较大火花出现。

(3)继电器的螺栓或其他内部的零件有无脱落、松缓,各零部件应无生锈现象。

(4)插入式继电器的外罩有无破损,印封是否完整。

(5)接点间隙应符合规定要求,接点应同时接触或同时断开。

(6)继电器的端子配线应整齐,接点片之间有无短接的可能。

(7)继电器放置应水平,在易于受到振动的地点,如继电器内、变压器箱内应设有防振装置。

(8)以毛刷将继电器内部附着的灰尘清扫干净。

(9)继电器的接点片应保持光洁和不松动。

三、继电器的现场测量和现场检修注意事项

对继电器除了经常清扫一类的养护维修外,现场对一些动作次数多或重要电路的继电器应重点检查其动作的情况和接点系统外观,并定期轮换,送回检修所进行专门的测试和调整。

1. 对继电器的日常检查测量

现场对继电器的测量主要是继电电路中某个继电器未能正常吸起时,对继电器工作电

压的测量,此时应借电对继电器的线圈两侧依次进行判断是缺少正电或负电,还是线圈两侧均有电而继电器不能正常吸起。

比如在车辆段的信号系统中,需定期测试灯丝继电器和道岔的继电器交直流电压,有助于帮助判断继电器并联的阻容元件特性是否变化,影响继电器继续工作。

2. 对继电器的观察

现场继电器平时应插接牢固、端正,不能轻易碰歪,接点可靠接触,无粘连现象,各防松卡等防松脱措施有效,同一层的继电器应保持在一个水平面上。观察工作主要包括:

(1)观察继电器外罩完整、清洁、封闭良好,印封完整;

(2)观察继电器与底座是否插接良好,无歪斜,防松卡无松脱(或固定螺钉无松动);

(3)观察接点无熔接、氧化,接点闭合和断开时应无较大火花出现,接点引接线不影响接点动作,无脱落、无腐蚀;

(4)观察衔铁动作是否灵活、无卡阻,接点在闭合和断开的过程中没有颤动、无接点粘连。

3. 现场继电器及配线线把等外部清扫检查内容

(1)清扫外部尘土污物;

(2)检查外罩,配线线把无灰尘等脏痕;

(3)检查胶木底座;

(4)更换继电器时检查封印是否完好。

4. 插入式继电器的插拔方法

(1)拔出继电器时:应左右使力、摇摆继电器,直至拔出继电器;

(2)插入继电器时:应上下使力、摇摆继电器,直至插入继电器。

每次检修后进行记录,方便及时发现问题。

知识点5　继电器的拆装和检修

安全型继电器一般由直流24V供电,由电磁力吸引衔铁吸起,通过重力或弹力落下来进行工作。在安全型继电器中,无极继电器是最有代表性的一种,其他各个类型的安全继电器的结构一般都由它派生而出。因此,在安全型继电器中,主要部件零件能够通用。

一、检修前的准备工作

1. 准备检修用品及工具

检修用品:酒精、汽油、白布带、银砂纸、400 号水砂纸、白绸带等。

通用工具:螺丝刀、接点爪调整器、叉口、启封螺丝刀、黄铜塞尺及其他一些个人自制的工具、150mm 尖嘴钳、75mm 和 150mm 螺丝刀、150mm 调簧钳、4 ~ 11mm 套筒扳手、14mm × 100mm 活口扳手、什锦锉、75W 电烙铁、小手锤、小铁镦子、测牛(克)计、镊子等。

2. 对外部进行检查与清理

(1)可以用毛刷、抹布和吹风机来清理继电器外部的灰尘和污处。

(2)做好清理工作后,要对外罩的透明性进行检查,看是否有破损,是否较为透明。之后检查封印和零件:封印有破坏的,应该查明原因,以避免类似情况发生,再进行修理;零件不齐全和有破损的，应及时补全、更换。

(3)检查胶木底座，如果存在影响安装的变形和影响强度的裂痕，应及时更换。

(4)检查接点插片，在底座外面的部分要大于 8mm，并要间隔均匀。如果插片伸出来的长度不够，会造成接触不良，在检修时要予以处理。究其产生该问题的原因，可能是接点组安装得不够平行，应通过接点处的螺钉加以校正；也可能是接点架角度不够，则需要用量角器测量，然后校正。

3. 检修前对设备的调试程序

启封，打开外罩→测试线圈电阻→测试接点电阻（电流电压法测试电阻数值，一般要测 3 次，计算平均值）→测试绝缘电阻（用 500V 兆欧表测试线圈来测试，绝缘电阻应大于 20MΩ）→测试电气特性。

二、检修电磁系统

1. 检查线圈

无破损和龟裂是对线圈架的要求，如果有破损并不影响机械强度，可用环氧树脂粘补；如果线圈引线有断股和假焊的情况，要重新焊接。

2. 检修磁路

(1)钢丝卡应该具有充足的弹力，无裂纹。

(2)检查轭铁。

检查轭铁转角：应无裂纹，刀刃良好。如果刀刃有些圆钝，需要用细锉加以修理。

检查铁芯：牢固、正直是铁芯的特征。如果有所松动，就要用活口扳手加以牢固；铁芯应该有着良好的电镀层，损坏不大的可用淡黄色的漆来修补，损坏大的要重新进行电镀处理。

(3)检查衔铁。

检查衔铁时，要看其是否变形，在衔铁工作时，应该与铁芯的表面平行。更要保证气隙的均匀，才能使得其具有良好的导磁性。衔铁的扭曲，要在钳工平台上进行修理；如果衔铁刃磨损严重，应用细锉进行修理；在无法修复时，要做到及时更换。

(4)磁系统的清理。

三、检修接点系统

(1)检查托片及接点片有无伤痕，查看镀层是否完好，如果有钳伤，并影响了其强度，要对其进行更换。

(2)检查接点片与银接点的焊接是否牢固。

(3)银接点与动接点的接触位置需要检查。

(4)检查拉杆、绝缘轴及动接点轴。要平直安装拉杆，不能偏离固定角度。偏离角度一般是因为接点架的张角不标准，有的也因为轭铁角度不直，要对其加以校正。

(5)对各种单元块的胶木绝缘进行检查。应无较大的破损，若有裂痕，也不应影响强度。

(6)对接点组紧固螺栓进行检查。

(7)对接点系统进行清理。

四、磁路与接点系统的调整

(1)接点架与轭铁间隙需要用塞尺检查。间隙应为 4mm，如果继电器没有达到这个标准,就应该取出进行修理,对安装的高度和接点架的角度进行调整。调整后,用螺栓紧固,并重新打眼安装稳钉。

(2)对衔铁角度进行检查。取出衔铁,用量角器量出衔铁角度,角度标准视间隙值而定。

(3)检查轭铁与拉杆之间的间隙。

(4)调整动接点片,使其平直。调整时用调簧钳调整,注意掌握力度,以免发生钳伤。

(5)调整后接点与动后离间隙的位置。

(6)对后接点初压力进行调整。

(7)让衔铁自由落下,用塞尺检查衔铁动程及后接点共同行程,后接点压力需用测牛(克)计测量。

(8)对前接点初压力进行调整。

(9)松开衔铁并取出塞尺,衔铁闭合位置用手推动,对前接点共同行程进行检查,检查前后接点间隙及压力。

(10)调整接点接触齐度。

(11)下止片与重锤片间的间隙标准为 0.3 ~ 1mm,要对其进行调整。

(12)电气特性测试。

任务:DX-8 型信号继电器动作电流测试

任 务 单

项目名称	继电器	任务名称	DX-8 型信号继电器动作电流测试
训练目的	熟悉和掌握 DX－8 型继电器的工作原理、实际结构、基本特性及工作参数		
任务原理	DX-8 型信号继电器,适用于直流操作的继电保护和自动控制线路中远距离复归的动作指示。当继电器工作绕组加入电流时,簧片吸合,带动机械自锁机构动作,使告警指示作用的红牌翻落,同时触点锁紧闭合。只有在绕组释放电压后,人工手动按压复位按钮,触点才能够释放断开		
方法步骤	1. 按照实验接线图,直流电流表位于 EPL-19,R_{P1}、R_{P2} 采用 EPL-14 的 900Ω 电阻盘,注意接线端的符号(A_3、A_2、A_1、B_2、B_1)。 2. 检查电阻盘的旋钮是否在逆时针到底位置,确认无误后,合上漏电断路器和 EPL－18 的 220V 直流电源,慢慢顺时针调整电阻盘的旋钮,并同时观察直流电流表的读数和光示牌的动作情况。 3. 加大输出电压,直至继电器动作,光示牌亮。此时直流电流表的指示值即为继电器的动作值。同时观察告警红牌的翻落情况。断开 220V 直流电源船形开关,继电器触点应保持在动作位置。 光示牌 + − A_3 A_2 A_1 R_{P1} 900Ω 220V A 220V DX－8 B_1 R_{P2} B_2 900Ω 4. 用手按复位按钮,继电器触点断开,红牌翻起,光示牌熄灭。重复以上步骤,多次测量动作电流,记入下表,并求取平均值。 测量次数 | 第 1 次 | 第 2 次 | 第 3 次 | 平均值 动作电流(mA) | | | |			
思考题目	1. DX-8 型信号继电器具有哪些特点? 2. DX-8 型信号继电器为什么要有自锁结构?		

工 作 单

<table>
<tr><th colspan="2">项目及配分</th><th>实训内容及评分标准</th><th>扣分因素及扣分</th><th>得分</th></tr>
<tr><td rowspan="12">操作技能</td><td rowspan="8">操作程序（20分，每漏一项扣3分）</td><td>1. 工具、小料准备齐全，检查工具、量具是否良好（必要工具缺一件扣1分）</td><td></td><td></td></tr>
<tr><td>2. 检测电流表</td><td></td><td></td></tr>
<tr><td>3. 检查电阻盘</td><td></td><td></td></tr>
<tr><td>4. 闭合漏电断路器和直流电源</td><td></td><td></td></tr>
<tr><td>5. 调整电阻盘，观察电流表读数</td><td></td><td></td></tr>
<tr><td>6. 加大输出电压至继电器动作</td><td></td><td></td></tr>
<tr><td>7. 记录电流表读数</td><td></td><td></td></tr>
<tr><td>8. 检修完毕，消记</td><td></td><td></td></tr>
<tr><td rowspan="4">质量（30分）</td><td>1. 漏检漏修（设备隐患），每处扣15分</td><td></td><td></td></tr>
<tr><td>2. 测试记录漏项，每项扣5分</td><td></td><td></td></tr>
<tr><td>3. 不清楚继电器动作原理，扣10分</td><td></td><td></td></tr>
<tr><td>4. 记录不清楚，每处扣5分</td><td></td><td></td></tr>
<tr><td colspan="2" rowspan="3">工具使用（20分）</td><td>1. 操作方法错误，纠正一次，扣5分</td><td></td><td></td></tr>
<tr><td>2. 损坏器材，扣10分</td><td></td><td></td></tr>
<tr><td>3. 损坏工具、仪表，扣5分</td><td></td><td></td></tr>
<tr><td colspan="2" rowspan="3">安全及其他（10分）</td><td>1. 实验过程中出现跳闸、报警等安全问题，酌情扣5~10分</td><td></td><td></td></tr>
<tr><td>2. 未按规定着装，扣3分</td><td></td><td></td></tr>
<tr><td>3. 作业在20min内完成，每超1min扣2分，超过5min停止实训</td><td></td><td></td></tr>
<tr><td colspan="2">自评（10分）</td><td>意见：</td><td></td><td></td></tr>
<tr><td colspan="2">互评（10分）</td><td>意见：</td><td></td><td></td></tr>
<tr><td colspan="3">合计</td><td colspan="2"></td></tr>
</table>

项目二 信 号 机

☞ 导入

信号机是轨道交通信号设备的重要组成部分，在运输生产工作中，它起着指挥列车运行的重要作用。在铁路运输系统中，它为提高区间和车站通过能力及编解效率提供了强有力的安全保障。

知识储备

信号机是供城市轨道交通车辆段、正线区间作为进站、出站、进路、防护、调车、通过及引导等地面灯光信号之用（在移动闭塞系统中，信号机只在后备或降级模式下起作用），一个灯位为一个独立单元，采用一种颜色，每个灯位可以显示绿、红、黄、月白、蓝等色，使用时根据需要进行组合。我国铁路视觉信号的基本颜色是红、黄、绿。其中红色代表停车；绿色代表按规定速度运行；黄色代表注意或减速运行；蓝色代表禁止调车；月白色代表允许调车。

知识点1 信号机概述

一、信号机的分类

（1）信息机按设置部位可分为：地面信号（设于车站或区间固定地点的信号机或表示器，防护站内进路以及闭塞分区和道口，如图2-1所示）；机车信号（设于机车驾驶室内，复示地面信号，逐步成为主体信号使用，如图2-2所示）。

图2-1 地面信号

图2-2 机车信号

（2）按信号机的构造分为：色灯信号机[用灯光的颜色、数目以及亮灯状态表示信号的含义，目前广泛使用透镜式（图2-3），发展方向是组合式的色灯信号机和LED组合式色灯信号机（图2-4）]；臂板信号机（已经淘汰）。

图 2-3 透镜式色灯信号机

图 2-4 LED 信号机

(3)按用途分为:调车信号机(用来防护站内进路、防护区间、防护危险地点,具有严格的防护意义,如图 2-5 所示);信号表示器(对行车人员传达行车或调车意图)。

(4)按地位分为:主体信号机(能够独立显示信号,指示列车或调车车列运行条件)和复示信号机(图 2-6)。

图 2-5 调车信号机

图 2-6 复示信号机

(5)按停车信号的显示意义分为:绝对信号(显示停止运行信号时,列车、调车车列必须无条件遵守的信号显示);容许信号(列车在列车信号显示红灯、显示不明、灯光熄灭时允许列车限速通过,并随时准备停车的信号)。

(6)按安装方式分为:高柱(进站、正线出站、通过、预告、接车进路等);矮柱(侧线出站、站内调车信号桥);信号托架(地形特殊,如图 2-7 所示)。

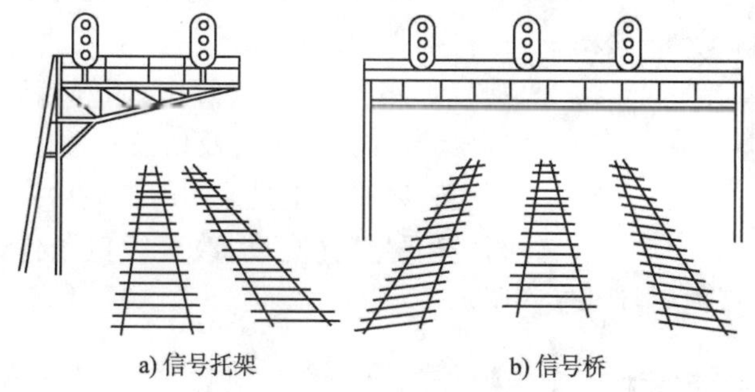

图 2-7 信号托架和信号桥

(7)按信号显示的数目可分为:单显示、二显示、三显示和多显示。

①单显示——出站、进路的复示信号机及遮断信号机都是单显示的信号机。

②二显示——预告信号机就是二显示信号（绿灯或黄灯）。它预告进站、通过或防护信号机的禁止和进行信号显示。

③三显示——我国铁路自动闭塞区段的通过信号机是三显示信号（红灯、绿灯或黄灯）。

④四显示——适宜于铁路提速、高速区段的通过信号机是四显示信号（红灯、绿灯、黄灯或黄绿两灯）。

除了车辆段和有岔站外，一般不设地面信号机。

二、透镜式信号机

透镜式色灯信号机，因其结构简单，安全方便，控制电路所需电缆芯线少，所以得到了广泛应用。透镜式色灯信号机有高柱和矮型两种类型，高柱信号机的机构安装在钢筋混凝土信号机柱上，矮型信号机的机构安装在信号机水泥基础上。高柱透镜式色灯信号机如图 2-8 所示。它由机柱、机构、托架、梯子等部分组成。机柱用于安装机构和梯子。机构的每个灯位配备有相应的透镜组和单独点亮的灯泡，给出信号显示。托架用来将机构固定在机柱上，每一机构需上、下托架各一个。梯子用于给信号维修人员攀登及作业。矮型透镜式色灯信号机如图 2-9 所示。它用螺栓固定在信号机基础上，没有托架，更不需要梯子。

图 2-8　高柱透镜式色灯信号机

图 2-9　矮型透镜式色灯信号机

高柱和矮型透镜式色灯信号机又各有单机构和双机构之分。单机构只有一个机构，色灯信号机可构成二显示、三单示和单显示信号机。

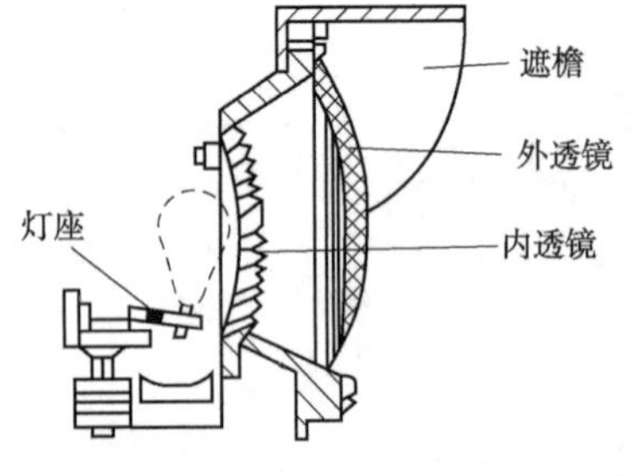

图 2-10　白炽灯透镜式色灯信号机机构

白炽灯透镜式色灯信号机有两灯位、三灯位和四灯位机构 3 种，主要由灯泡（采用直丝双灯丝铁路信号灯泡）、灯座（定焦盘式灯座，调好焦后换灯无须再调）、点灯单元（带灯丝报警及切换）、透镜组、遮檐（防止阳光等光线直射时产生错误的幻影显示）、背板（黑色，背景暗，衬托信号灯光亮度，改善瞭望条件）等组成，如图 2-10 所示。

三、组合式色灯信号机

透镜式色灯信号机构的光系统射出的平行光线，两侧分别只有 2°散角，覆盖面很窄，在曲线线段上只能在局部范围内看到，即使加了偏光镜也很难在整个曲线范围内得到连续显示。为保证曲线区段信号显示的连续,20 世纪 80 年代从德国引进 V136 型信号机构,并据此研制了适合我国铁路需要的新型组合式信号机构,作为透镜式信号机构的换代产品。

组合式色灯信号机是为了改善曲线区段信号显示连续性而研制的新型信号机机构,适用于瞭望困难的线路。能在曲线半径 300 ~ 20000m 的各种曲线上得到连续信号显示。显示距离远,直线可达 1500m 以上,弯道可达 1000m 以上。其特点是增加了反光镜和偏散镜,采用非球面镜,构成合理的光系统。每个机构只有一个灯室,使用时根据信号显示分别组装成二显示、三显示。壳体采用铝合金。

四、LED 色灯信号机

多年来,我国铁路一直采用传统的以白炽灯泡为光源的色灯信号机,其主要缺点是可靠性差、寿命短、易断丝、功效低。为了提高信号显示的可靠性和延长灯泡的使用寿命,提出了采用发光二极管即 LED 技术研制开发铁路信号机(以下简称 LED 信号机)。目前客运专线上采用了 LED 信号机。

LED 信号机有两灯位、三灯位和四灯位三种,主要由点灯变压器、超高亮度发光二极管矩阵(发光盘)、光学透镜、固定框架等组成。

LED 信号机是在地铁站场、区间作为进站、出站、进路、防护、预告、调车、复示、遮断、通过及引导等地面灯光信号之用,具有结构紧凑、能耗低、寿命长、无须调焦等特点。

 小贴士

我国铁路中信号机是为司机提供信号指示的最主要的设备。而在地铁正线信号系统中,正常 CBTC 信号模式下信号机是没有作用的(亮蓝灯或直接灭灯),司机只依靠车载人机界面上的信号显示来行车,不用观看轨旁信号机指示。只有在 CBTC 故障降级的情况下,正线信号机才发挥指示行车的作用。

五、LED 色灯信号机的特点

LED 色灯信号机的优点为:

(1)可靠性高。发光盘由上百只 LED 和数十条支路组成,个别 LED 或支路故障不会影响信号正常显示。

(2)寿命长。LED 寿命可达 10 万小时,是信号灯泡的 100 倍,有利于实现免维修。

(3)节省能源。信号灯泡功率为 25W,发光盘功率不足信号灯泡的 1/2,铁路信号机数量庞大,点亮时间长,LED 节能效果显著。

(4)聚焦稳定。发光盘焦距在设计和生产中已经确定,并能够始终保持良好的聚焦状态,无须现场调整。

(5)无冲击电流。LED 信号机没有点灯过程中冷丝状态的冲击电流,有利于延长供电装置使用寿命。

其缺点为:

(1)价格昂贵。

(2)生产厂家多,设计生产标准未完全统一。

(3)发光盘寿命长,但点灯单元、信号机构寿命相对短。

知识点2　地面信号机

一、地面信号机设置原则

1. 设置于列车运行方向的右侧

城市轨道交通采用右侧行车制(驾驶位置处于右侧)。不论在正线还是车辆段,地面信号机应设置于列车运行方向的右侧,地面信号机地下部分一般安装在隧道壁上。特殊情况下,可以设置在列车运行方向的左侧或其他位置,此时需报上级部门批准并备案。图2-11所示为地面信号机。

图2-11　地面信号机

2. 信号机不得侵入设备限界

直线地段的设备限界是在直线地段车辆限界外扩大一定安全间隙后形成的。

曲线地段设置限界应在直线地段设备限界的基础上,按平面曲线不同半径过超高或欠超高引起的横向或纵向偏移量,以及车辆、轨道参数等因素计算确定。

小贴士

一般在各城市轨道交通公司的《行车组织规则》中对各限界的数据有具体说明。

二、正线信号机及表示器

城市轨道交通有的车站设有道岔,有的车站仅有两条正线,因此应根据各站设备具体情况设置信号机。正线常用的信号机包括以下几种。

1. 防护信号机

在正线道岔岔前和岔后适当地点设置防护信号机,如图2-12所示。

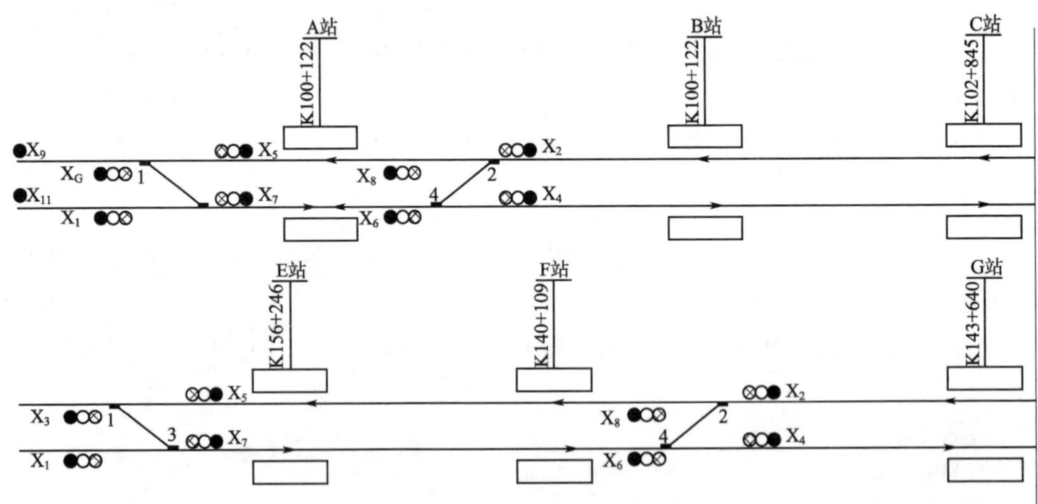

图2-12　防护信号机

防护信号机采用三显示机构，自上而下为黄、绿、红，具体显示意义为：

红色——禁止越过该信号机；

绿色——道岔开通直向位置，允许列车按照规定速度越过该架信号机进入区间；

黄色——道岔开通侧向位置，允许列车按照规定速度（一般限速不超过 30km/h）越过该信号机，运行至折返点；

黄色 + 红色——引导信号，允许列车以不超过 25km/h 的速度越过该信号机，有条件进入区间。

正线上防护信机用“X”“F”等命名，以数字序号作为下标，下行咽喉编号为单号，上行咽喉编号为双号，从站外向站内顺序编号。

2. 阻挡信号机

在线路尽头处设置阻挡信号机（图 2-13），表示列车停车位置。阻挡信号机采用单显示机构，只有一个红灯。当阻挡信号机显示红灯时，列车应在距信号机至少 10m 的安全距离处停下。

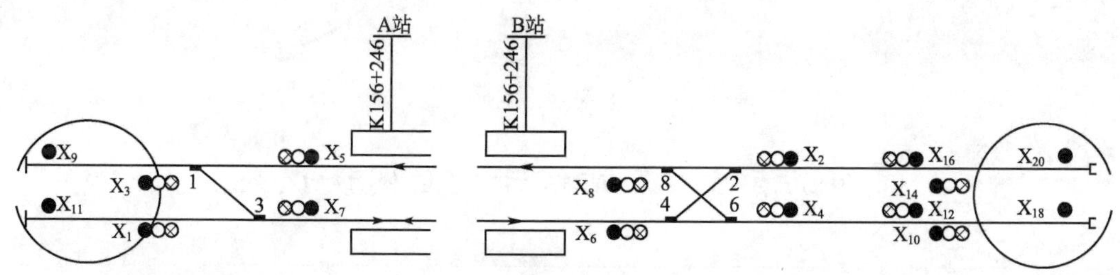

图 2-13　阻挡信号机

3. 通过信号机

采用 ATC 系统的城市轨道交通，自动闭塞通过信号机已经失去主体信号的作用，一般在区间不设置通过信号机。为便于司机在 ATP 设备发生故障时控制列车运行，可以根据需要设置通过信号机（图 2-14）。

通过信号机采用三显示机构，自上而下灯位为黄、绿、红。

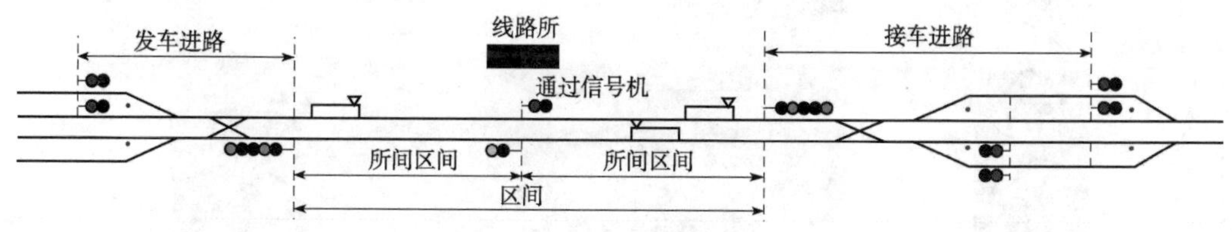

图 2-14　通过信号机

4. 进、出站信号机

车站可根据需要设置进、出站信号机，或仅设置出站信号机。

5. 发车表示器（倒计时发车牌）

发车表示器平时不亮灯，列车停靠后无显示表示不能关闭车门、发车；距发车还有 5s 为白色闪光，提醒司机关闭车门；显示白色稳定灯光表示可以发车。

一般来说，往某站方向开的就是上行，反之离开某站或背离某站就是下行。

三、车辆段(车厂)信号机

车辆段(车厂)入口转换轨外方设置进段(厂)信号机。进段(厂)信号机显示及灯光配列可与防护信号机相同,也可采用双机构。

车辆段(车厂)出口处设置出段(厂)信号机,如图 2-15 中 SJ_1、SJ_2,其显示及灯光配列可与防护信号机相同。

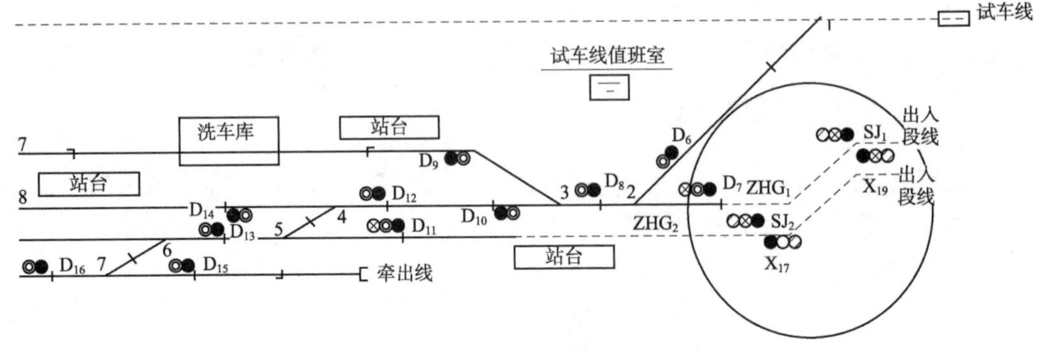

图 2-15　车辆段出口处信号机

知识点 3　车站信号平面图认识

一、信号机的设置位置

1. 进站信号机

作用:防护车站,指示列车的运行条件,保证接车进路的正确和安全可靠,凡车站的列车入口处必须装设进站信号机(图 2-16)。

设置:距离最外方进站道岔尖轨尖端[顺向为警冲标(图 2-17)]50 ~ 400m 处。

图 2-16　进站信号机

图 2-17　警冲标

2. 出站信号机

作用:防护区间,作为列车占用区间的凭证,指示列车能否进入区间;与发车进路以及敌对进路相联锁,指示站内停车位置。发车线端部必须设置出站信号机(图 2-18)。

设置:警冲标外方 3.5 ~ 4m 处。防止侧面冲突。

每一发车线均应单独装设出站信号机（线群出站信号机除外）。出站信号机应设在每一发车线的警冲标内方（对向道岔为尖轨尖端）适当地点。

3. 调车信号机

凡有调车作业的集中联锁的车站（场）均应设置调车信号机（图 2-19）。调车信号机的设置应根据车站的调车作业过程和调车工作的繁忙程度、站内必要的平行进路和较短的机车走行距离而确定。

设置：有调车作业的集中联锁的车场。

图 2-18　出站信号机（带进路表示器）

图 2-19　调车信号机

4. 通过信号机

通过信号机装设在自动闭塞区段时，是作为指示列车能否进入闭塞分区（自动闭塞区段两架通过信号机之间的区间称为闭塞分区）之用；装在非自动闭塞区段线路所处的通过信号机，是作为指示列车能否进入所间区间（两线路所或线路所与车站间的区间，称为所间区间）之用。

通过信号机应设在闭塞分区或所间区间的分界处。

图 2-20 为进站、出站、通过信号机举例。

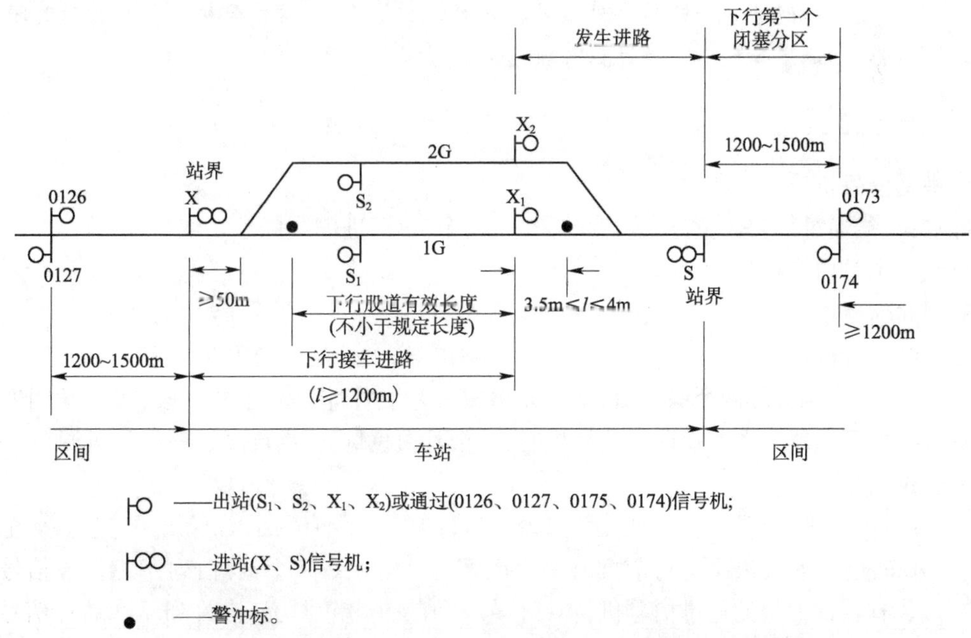

图 2-20　进站、出站、通过信号机举例

5. 遮断信号机

作用:在繁忙道口、有人看守的桥梁、隧道以及可能危及行车安全的塌方落石地点进行防护。

设置:距离防护地点大于50m处。采用方形背板,并在机柱上涂黑白相间的斜线。

遮断信号机(图2-21)显示一个红色灯光时,不准列车越过该信号机,不亮灯时,不起信号作用。

6. 预告信号机

预告信号机(图2-22)为二显示信号机,有黄、绿两种色灯。黄色灯光表示体信号机在关闭状态;绝色灯光表示主体信号机在开放状态。

图2-21　遮断信号机

图2-22　预告信号机

作用:预告进站等主体信号机的显示。

设置:遮断信号机,非自动闭塞区段的进站信号机。与主体信号机距离大于800m 。预告信号机的信号显示颜色虽与其主体信号机相同(绿、黄),但显示意义却不完全一样。所以预告信号机均有特殊的标志,以示区别(例如在机柱上涂有黑白相间的标志)。

小贴士

列车信号机:当列车第一轮对越过信号机所对应的绝缘后,该信号机应及时自动关闭。

调车信号机:调车车列全部越过信号机后才自动关闭。

二、信号显示

1. 进站信号机

绿灯:正线通过。一个黄灯:进正线停车。两个黄灯:进侧线停车。红灯:不许越过。一个红灯和一个月白灯:引导进站。

2. 出站信号机

一个绿灯:准许发车。黄灯:准许列车由车站出发,表示运行前方至少有一个闭塞分区空闲。红灯:不许越过。两个绿灯:自动闭塞区段表示去往非自动闭塞区段,半自动闭塞区段表示开往次要线路。在兼作调车信号机时,一个月白色灯光:准许越过该信号机调车。

3. 通过信号机

一个绿灯:准许列车按规定速度运行,表示运行前方至少有两个闭塞分区空闲。一个黄灯:要求列车注意运行,表示运行前方有一个闭塞分区空闲。一个红灯:列车应在该信号机前停车。装有容许信号的通过信号机,容许信号显示一个蓝色灯光:准许列车在通过信号机显示红灯的情况下不停车,以不超过20km/h的速度通过,运行到下一通过信号机,并随时准备停车。

4. 遮断信号机

一个红色灯光：不准列车越过该信号机。不亮灯时，不起信号作用。

5. 预告信号机

一个绿灯：表示主体信号机在开放状态。一个黄灯：表示主体信号机在关闭状态。

6. 调车信号机

一个月白色灯：准许越过该信号机调车。一个蓝色灯光：不准越过该信号机调车。

7. 驼峰信号机

一个绿灯：准许机车车辆按规定速度向驼峰推进。一个绿色闪光灯光：指示机车车辆加速向驼峰推进。一个黄色闪光灯光：指示机车车辆减速向驼峰推进。一个红灯：不准机车车辆越过该信号机或指示机车车辆停止作业。一个红色闪光灯光：指示机车车辆自驼峰退回。一个月白色灯光：指示机车到峰下。一个月白色闪光灯光：指示机车车辆去禁溜线。

表2-1为信号显示常用图形符号。

信号显示常用图形符号 表2-1

序　号	符　号	名　称	说　明
1	○	绿灯	
2	（斜线圆）	黄灯	
3	●	红灯	
4	◉	蓝灯	
5	◎	月白灯	
6	（圆内竖线）	白灯	
7	⊗	空位灯	
8	（虚线圆）	亮稳定灯光	
9	（虚线方框圆）	亮闪光	
10	（横线分半斜线圆）	双半黄灯	机车信号
11	（半黑半斜线圆）	半红半黄灯	机车信号

三、信号显示制度

(1)进路制：以指示列车进入不同进路为原则的信号显示制度(图2-23)。

其特点为：

①信号机所指示的进路方向明确；

②没有明确的速度限制的含义；

③适用于低速；

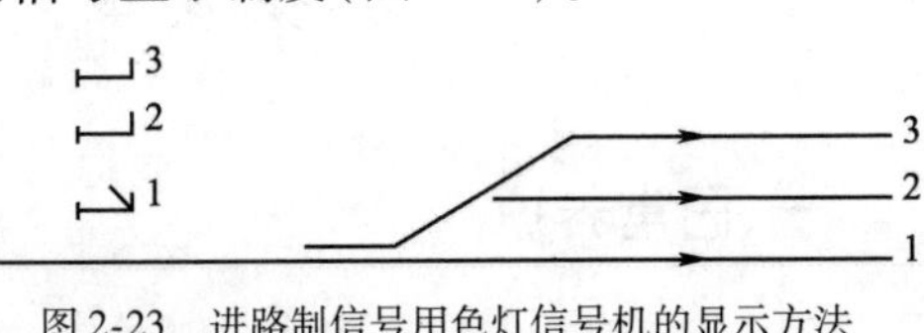

图2-23 进路制信号用色灯信号机的显示方法

④存在显示复杂、适应性能差、显示意义不够确切等缺陷。

(2)速差制:根据需要限制的速度等级来规定显示数目和显示方法的制度,叫作速差制(表2-2)。

速差制信号用色灯信号机的显示方式与方法 表2-2

显示数目		1	2	3	4	5
显示意义	始速/终速	$\frac{v_{规}}{v_{规}}$	$\frac{v_{规}}{v_{中}}$	$\frac{v_{规}}{v_0}$	$\frac{v_{中}}{x}$	$\frac{v_0}{x}$
显示方式与方法		○	○ ⊗	⊗	⊗ ⊗	✖

注:○-绿灯灭灯;⊗-黄灯点灯;✖-红灯点灯。

特点:能采用较简单统一的显示方式,既能指示列车通过本信号机的运行速度,又能指示列车通过下一架信号机的运行速度,为地面信号显示的发展方向。

速差制的速度级可概括为三级:

①禁止通行;

②减速运行;

③准许按规定速度运行。

常用的3个速度级,可用v_0、$v_{中}$、$v_{规}$表示,这3个速度也代表始、终端速度。

四、信号机的命名

(1)进站信号机:是按列车运行方向命名。如X(下行)、S(上行)、Xf(多路进站口)。

(2)出站信号机:是按列车运行方向,右下角加股道号命名。如X_1,S_5等,多车场先加入车场号再加股道号。

(3)调车信号机:从列车到达方向顺序编号,上行咽喉用双数,下行咽喉用单数。如D_2、D_9,多车场以百位表示车场。

(4)接车进路信号机:是按列车运行方向命名。如XL,SL。当有并置或有连续布置的接车进路信号机,则在其右下角加序号,如XL_1。

(5)发车进路信号机:是按列车运行方向,右下角加车场号再加股道号。如S_{13}。

(6)预告信号机:第一字母为Y,后面缀主体信号机编号。如YS。

(7)通过信号机:以该信号机所在地点坐标公里数和百米数命名,上行为偶数,下行为奇数。

(8)驼峰、驼峰辅助和驼峰复示信号机分别如下。

①驼峰:用T表示,右下角加推送线的顺序号,如T_1。

②驼峰辅助:1TF。

③驼峰复示:TF1。

(9)复示信号机:用F表示,加在主体信号机名称后,如X_3F。

知识点4 信号机的养护检修

一、日常养护

(1)信号机构、基础、箱盒外观检查,基础牢固,外观无损伤。

(2)检查设备有无受外界干扰,加锁是否良好。

(3)检查紧固件及信号锁有无锈蚀,对各部件加油。

(4)清扫机构内部、透镜玻璃,检查显示情况是否良好,清扫设备周围环境,保持清洁。

二、集中检修

(1)检查机构、基础、箱盒牢固且完好无损伤。

(2)清扫机构,保持透镜玻璃干净无污染,检查清扫箱盒、机构内部,显示良好,显示距离不小于200m。

(3)清扫周围环境,检查加锁良好,无锈蚀。

(4)正线试验主、副灯丝转换及报警,转换正常、报警良好。

(5)正线测试引导信号,能正常开放。

三、基本要求

(1)在接到信号设备故障通知后,要立即赶到车务运转室在控制台上单独操纵试验(试验2~3次),然后了解故障的基本情况,按《铁路技术管理规程》(以下简称《技规》)第308条进行登记,办理设备停用手续,并在10min内向电务段调度汇报。

(2)在处理信号设备故障的过程中,必须严格执行电务技术纪律,防止信号故障升级(坚决杜绝违法使用封连线构成信号设备出现非正常显示)。

(3)必须按照先室内后室外、先近后远、先正线后侧线的原则,组织进行故障修复,最大限度地压缩信号故障延时。

(4)在初步判断故障范围为室外故障时(特别是区间设备故障),应迅速出动,会同工务、车务等相关人员对故障情况进行确认,并排除故障。

(5)在到达故障现场后严禁盲目开盖进行故障处理,首先要与室内取得联系,室内人员应配合检查设备运行状态,并进行操纵试验。

(6)在处理电气化区段信号设备故障时,必须在确保牵引电流畅通的情况下恢复故障。

(7)信号电缆中断后,应根据故障现象判定电缆中断所影响的范围,并查看电缆配线图纸,确定是一条电缆中断还是多条电缆中断,并迅速组织备齐相应的备用电缆、接续材料、接续工具。

(8)在外界妨害造成信号设备损坏、丢失导致设备停用时,要及时通知公安、车务、工务等有关部门到现场确认,并积极组织进行修复。

(9)在遇雷电及高压侵入造成的信号设备故障时,必须在确认外电压已消失或稳定后方可进行故障处理,严禁盲日处理高柱信号设备故障。

(10)在信号设备故障处理中,室内外要设专人进行安全联系和现场监护,确保人身安全。

(11)在设备故障恢复后,要进行联锁试验检查,确认设备状态良好后,按规定消记,交付使用,并向电务段调度汇报。

四、信号机的主要维修技能

信号机的维修技能主要有以下内容:

(1)结构外观检查。

(2)检修各部位螺栓,注油。

(3)透镜清扫、检查。

(4)机构、箱盒内部清场检查。

(5)电器部分检查。

(6)电气测试。

(7)防水、防潮和防尘措施检查。

(8)测量并调整灯光显示距离。

(9)灯丝报警功能测试。

(10)机构、箱盒整治检查。

(11)设备除锈,油饰。

(12)配线、引入线、接地线检查。

(13)设备整治。

(14)更换配线。

(15)重做配线端子。

(16)测电缆线间绝缘电阻。

五、信号机故障相关案例

1. 故障案例 1:信号隔离变压器故障

故障现象:X_{13}信号机红灯不亮,开放白灯也不亮。

故障分析:两灯都不亮,初步判断故障点在公共部位。

故障处理:机械室发现信号隔离变压器有输入无输出,更换后故障消除。但触摸变压器发现过热。疑室外有短路,分线盘甩开外线。赶赴现场检查发现,X_{13}信号机密封不良,雨水渗入到信号机,造成点灯一体化变压器短路。更换信号点灯变压器,挂上外线后正常。

2. 故障案例 2:灯座插片接触不良

故障现象:D_{209}信号开发后自动关闭。

故障分析:调车信号机开放信号后又关闭,应该是白灯点灯电路故障。

故障处理:在控制台重复排列信号,信号开发后,复示器闪一下后自动关闭,重复开放信号时,在分线盘 B、A、H 测试有瞬间 220V 电压输出,说明室内电压正常,故障点在室外。室外打开信号机构,发现该信号机白灯灯泡插片接触不良。插好灯座插片后故障消除。

3. 故障案例:3:簧片与灯泡接触不良

故障现象:D_{315}信号机复示器闪光。

故障分析:复示器闪光,一般为灯泡坏。或者为室内电压未送出。

故障处理:在分线盘测试有 220V 电压输出,说明室内电压正常,故障点在室外。到现场后,更换灯泡后仍未恢复,经检查发现,灯泡与灯底座簧片接触不良,调整后故障消除。

4. 故障案例 4:方向盒至信号机电缆混线

故障现象:D_{503}信号机蓝灯灭灯。

故障分析:室内测试分线盘无电压,甩开电缆测试室内发送电压为 0,检查发现 D_{503}组合空开跳闸,连接室外设备时空开合不上,甩开分线盘电缆后能合上,判断为室外故障。

故障处理:到达现场后,按照电缆径路逐段甩线,判断第二个方向盒至 D_{503}信号机电缆混线,使用备用芯线后故障消除。

5. 故障案例5:出站红灯电缆断线

故障现象:出站信号机复示器闪灯。

故障分析:试开放调车信号以区分故障点,能够开放调车信号,说明红灯电路不良,判断为室外故障。

故障处理:到室外发现灯泡未断丝,测试电缆盒内H和HBH没有电压,判断电缆断线,倒备用电缆后故障消除。

6. 故障案例6:回线电缆混线

故障现象:D_{403}信号机复示器闪光。

故障分析:检查D_{403},XJZ、XJF空开跳,而且推不上。考虑有混线故障,甩开分线盘电缆,空开能推上,说明室外有短路故障点。现场把信号变压器Ⅰ次侧甩开,在分线盘甩外线用万用表电阻挡测量蓝灯和蓝灯回线电阻为15Ω,判断为电缆短路。

故障处理:逐段甩线查找,发现从X-6方向盒到D_{403}之间A、BAH电缆混线,倒备用电缆故障恢复。

7. 故障案例7:灯泡断丝

故障现象:控制台D_{202}信号机复示器闪。

故障分析:信号机复示器闪,一般是蓝灯电路故障,先在室内测点灯电压,电压正常,判断是室外故障。

故障处理:在室内测量点灯电压正常,室外变压器箱内测量蓝灯Ⅱ次侧电压12V正常,判断为灯泡断丝。更换灯泡后故障消除。

任务一:色灯信号机检修作业

任 务 单

项目名称	信号机	任务名称	色灯信号机检修作业
训练目的	1. 掌握色灯信号灯的内部结构; 2. 掌握色灯信号灯的检修过程; 3. 掌握继电器箱的内部测试		
实验工具	材料:棉纱、机油、小螺母及垫片、灯泡等。 工具:手锤、活口扳手、套筒、扁毛刷、万用表、维修电话		
方法步骤	1. 信号显示距离检查调整:信号机显示距离应符合《铁路信号维护规则》(以下简称《维规》)要求,不良的应进行调整。 2. 电缆盒检修: (1)检查是否配线整齐、绑扎良好,不破皮、不老化、线头无伤痕、无霉锈,清扫无灰。 (2)检查是否端子完整无破损,不锈蚀,螺母齐全、紧固、不压套管。 (3)检查是否标记清晰正确,配线图完好,图物相符。 3. 机构内部检查测试: (1)各部清扫干净无灰尘。 (2)箱内器材安装牢固、平整,继电器插接、防松、防震良好。		

方法步骤	(3)箱内器材表面不过热无噪声,各部胶木无裂纹。 (4)配线整齐,绑扎良好,不破损,不老化,图纸完好,图物相符。 (5)各部端子螺栓齐全紧固、不锈蚀,标记清晰正确。 (6)熔断器安装牢固,接触良好,容量标记符合规定,使用不超周期,记录完好。 4. 测试 (1)变压器Ⅰ、Ⅱ次侧电压。 (2)填写各项测试、更换记录。 5. 加锁消记 (1)加锁完整。 (2)同车站值班员试验良好,按有关规定和要求办理消记手续,经车站值班员签字后方可离开
思考题目	1. 信号机具有哪些特点? 2. 信号机和继电器之间的关系是什么?

工　作　单

项目及配分		实训内容及评分标准	扣分	得分
操作技能	操作程序(30分,每漏一项扣5分)	1. 工具、小料准备齐全,检查工具、量具是否良好,必要工具缺一件扣2分		
		2. 室外现场联系		
		3. 外观检查、清扫		
		4. 内部检查、清扫		
		5. 各灯位灯丝转换试验		
		6. 各部电压测试,填写检修测试记录		
		7. 检修完毕,消记		
		8. 收拾实验场地		
	质量(30分)	1. 漏检漏修(设备隐患),每处扣15分		
		2. 测试记录漏项,每项扣5分		
		3. 不清楚灯端电压标准(教师提问),扣10分		
		4. 记录不清楚,每处扣5分		
工具使用(10分)		1. 操作方法错误,纠正一次,扣5分		
		2. 损坏器材,扣10分		
		3. 损坏工具、仪表,扣5分		
安全及其他(10分)		1. 接到有车通知,应立即收好工具,并避让到安全地点,未做到,酌情扣5~10分		
		2. 未按规定着装,扣3分		
		3. 作业在20min内完成,每超1min扣2分,超过5min停止实训		
自评(10分)		意见:		
互评(10分)		意见:		
合计(100分)				

任务二:色灯信号机天窗外检修作业

任 务 单

<table>
<tr><td>项目名称</td><td>信号机</td><td>任务名称</td><td>色灯信号机天窗外检修作业</td></tr>
<tr><td>训练目的</td><td colspan="3">1. 掌握色灯信号灯机柱的内部结构;
2. 掌握色灯信号灯机柱的检修过程;
3. 掌握继电器箱的内部测试</td></tr>
<tr><td>实验工具</td><td colspan="3">材料:棉纱、机油、小螺母及垫片、灯泡等。
工具:手锤、活口扳手、套筒、扁毛刷、万用表、维修电话</td></tr>
<tr><td>方法步骤</td><td colspan="3">1. 外观检查:
(1)信号机柱正直,倾斜度不超过 36mm。
(2)信号机各部(包括机构)任何部分不得侵入限界。
2. 基础检查(矮型):
基础平、正、稳,培土良好,周围平整不积水、无杂草,基础无裂纹、不粉蚀,水平倾斜度不超过 10mm。
3. 机柱、梯子、托架测试:
(1)水泥机柱表面光滑,废孔堵塞严密,裂纹不超限。
(2)水泥机柱顶端封闭严密,不漏水。
(3)引入处蛇管及接头安装牢固,引线蛇管无破损,防护良好。
(4)梯子安装牢固,各部螺栓紧固,支架水平,梯子无弯曲变形。
(5)托架机件齐全不破损,安装牢固。
4. 机构外部检测:
(1)机构安装牢固、平直、油漆不脱落。
(2)遮檐安装牢固,背板不活动。
(3)外透镜良好、严密。
(4)机构门严密、门扣良好,门开关灵活,防尘防水作用良好。
5. 电缆盒检测:
基础不倾斜,无裂纹,盒盖无破损,油饰完整,盒盖严密不进水。
6. 继电器箱或变压器箱检测:
(1)基础安装水平,不破损,无裂纹、粉蚀,倾斜度不超过 10mm。
(2)箱体安装稳固,箱体不破损、无锈蚀、不侵限,四周无杂草。
(3)箱门严密,通风良好,开关灵活,门轴油润无卡阻。
(4)油饰完整无脱落,护管完好无损</td></tr>
</table>

工 作 单

<table>
<tr><td colspan="2">项目及配分</td><td>实训内容及评分标准</td><td>扣分</td><td>得分</td></tr>
<tr><td rowspan="8">操作技能</td><td rowspan="8">操作程序(30 分,每漏一项扣 5 分)</td><td>1. 工具、小料准备齐全,检查工具、量具是否良好。必要工具缺一件扣 2 分</td><td></td><td></td></tr>
<tr><td>2. 室外现场联系</td><td></td><td></td></tr>
<tr><td>3. 外观检查、清扫</td><td></td><td></td></tr>
<tr><td>4. 内部检查、清扫</td><td></td><td></td></tr>
<tr><td>5. 继电器检测并记录</td><td></td><td></td></tr>
<tr><td>6. 箱体检查并记录</td><td></td><td></td></tr>
<tr><td>7. 检修完毕,消记</td><td></td><td></td></tr>
<tr><td>8. 收拾实验场地</td><td></td><td></td></tr>
</table>

项目及配分		实训内容及评分标准	扣分	得分
操作技能	质量(30分)	1. 漏检漏修(设备隐患),每处扣15分		
		2. 测试记录漏项,每项扣5分		
		3. 记录不清楚,每处扣5分		
工具使用(10分)		1. 操作方法错误,纠正一次,扣5分		
		2. 损坏器材,扣10分		
		3. 损坏工具、仪表,扣5分		
安全及其他(10分)		1. 接到有车通知,应立即收好工具,并避让到安全地点,未做到,酌情扣5~10分		
		2. 未按规定着装,扣3分		
		3. 作业在20min内完成,每超1min扣2分,超过5min停止实训		
自评(10分)		意见:		
互评(10分)		意见:		
合计(100分)				

项目三　转　辙　机

☞ 导入

在车站上,铺设有许多条线路时,线路之间用道岔联结。列车在车站内运行的路径,叫作进路。进路由道岔位置决定。道岔的转换和锁闭,是直接关系行车安全的关键设备。道岔由多种类型的转辙机转换。转辙机是重要的信号基础设备,它对于保证行车安全,提高运输效率,改善行车人员的劳动强度,起着非常重要的作用。

知识储备

转辙设备供道岔转换和锁闭使用,它是由安装装置、各类杆件、转辙机、锁闭装置和挤岔装置组成,是直接关系行车安全的关键设备。要求安全可靠,在设备发生故障时,必须符合故障—安全的原则。转辙设备的选择应与道岔相对匹配,地铁正线的列车运行速度较高,岔一般采用9号道岔,个别采用12号道岔,地铁车辆段列车运行速度较低,道岔一般采用7号或5号道岔。地铁使用的转辙机主要有ZD6型电动转辙机、ZD(J)9型电动转辙机、S700K型电动转辙机、Y (ZYJ)7型电液转辙机。

知识点1　转辙机基础知识

一、道岔概述

在车站上,铺设有许多条线路时,线路之间用道岔联结。列车在车站内运行的路径叫作进路。进路由道岔位置决定。道岔的转换和锁闭是直接关系行车安全的关键设备。

道岔作为铁路线路连接的重要设备,是轨道中最薄弱的环节之一。随着铁路运输向高速重载方向的发展,重轨和大号码道岔的使用,对换轨设备提出了更高的要求。

1.道岔的类型

道岔的类型可分为如下几种:

(1)单开道岔

单开道岔是最简单、最常用的一种道岔,如图3-1所示。

(2)双开道岔

整个道岔对称于主线的中线或辙叉角的中分线,列车通过时无直向及侧向之分(图3-2)。对称道岔可增大导曲线半径,提高侧线通过速度,并可缩短站场长度。

(3)三开道岔

三开道岔(图3-3)是将一个道岔纳入另一个道岔内构成(两顺向道岔),有三个辙叉,可开通三个方向。三开道岔可缩短用地;但尖轨寿命短,两普通辙叉部分不能设置护轨,且存在有害空间,车辆沿主线方向运行速度低。

(4)交分道岔

交分道岔是将一个单开道岔纳入另一个道岔构成(两对向道岔)。可开通四个方向,有4个辙叉(2个钝角辙叉、2个锐角辙叉)。交分道岔缩短了线路连接长度,但两钝角辙叉处存在无护轨的有害空间。

三开道岔和交分道岔的共同特点是将一个道岔套到另一个道岔内,既减少用地,又起到两幅道岔的作用,故这类道岔称为复式道岔,而单开道岔和双开道岔,则称为单式道岔。

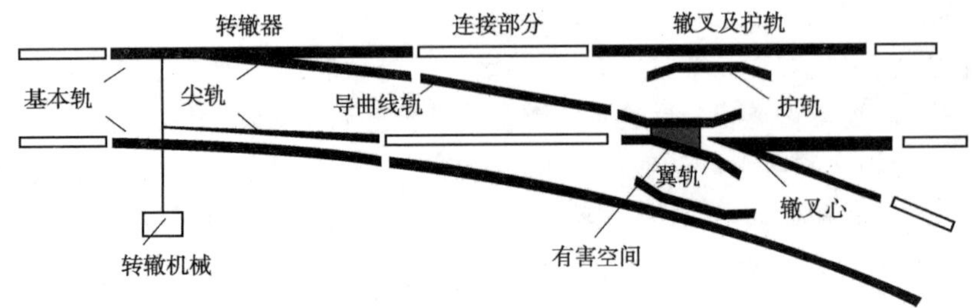

图3-1　单开道岔示意图

图3-2　双开道岔

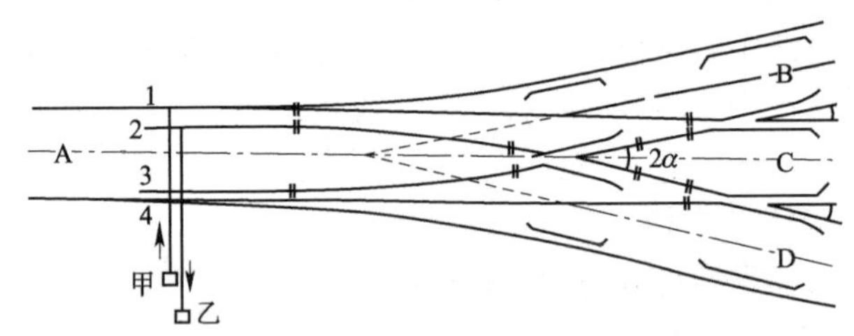

图3-3　三开道岔

2. 道岔的组成部分

道岔的三大组成部分:转辙器部分;辙叉及护轨部分;连接部分。如图3-4所示。

道岔各部分结构图如图3-5所示。

转辙器部分:基本轨、尖轨;

连接部分:合拢轨、直轨、导曲线轨;

辙叉及护轨部分:翼轨、护轨、岔心(心轨)。

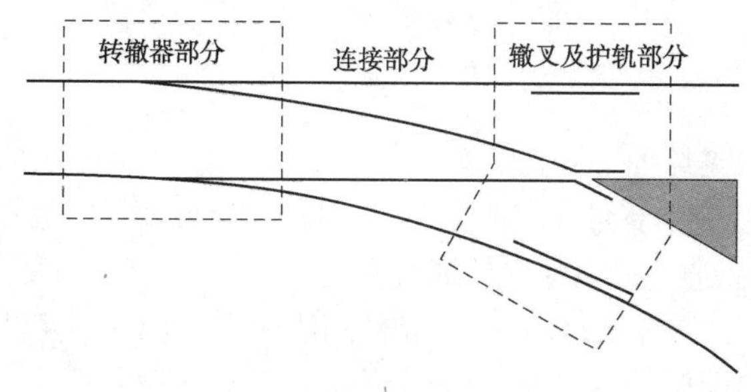

图 3-4　道岔组成部分图

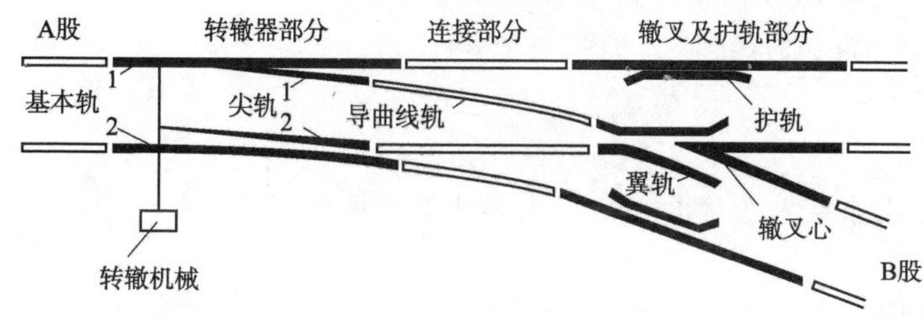

图 3-5　道岔各部分结构图

3. 道岔结合部应满足的要求

(1)道岔各部轨距、牵引点处开程应符合标准。

(2)尖轨、心轨、基本轨的爬行、窜动量不得超过 20mm,限位铁两边应有间隙,尖轨、心轨、基本轨爬行、窜动不得影响道岔方正,杆件别劲、磨卡及外锁闭框调整孔无调整间隙。

(3)道岔的转换阻力不得大于电动(液)转辙机的牵引力,转辙机的牵引力应符合规定标准。

(4)尖轨、心轨无影响道岔转换、密贴的硬弯、肥边和反弹,甩开转换道岔杆件,人工拨动尖轨、心轨,刨切部分应与基本轨、翼轨密贴,其间隙不大于 1mm。

(5)尖轨、心轨顶铁与轨腰的间隙均应不大于 1.5mm。

(6)道岔转辙部位的轨枕间距符合标准,窜动不得造成杆件别劲、磨卡,影响道岔方正和道岔的正常转换。

(7)道岔转换时基本轨横移不得导致道岔的 4mm 锁闭。

(8)尖轨、心轨底部与滑床板密贴。

(9)滑床板无影响道岔转换的划痕。

二、转辙机的作用

(1)转换道岔的位置,根据需要转换至定位或反位。

(2)道岔转至所需位置而且密贴后,实现锁闭,防止外力转换道岔。

(3)正确地反映道岔的实际位置,道岔的尖轨密贴于基本轨后,给出相应的表示。

(4)道岔被挤或因故处于四开(两侧尖轨均不密贴,如图 3-6 所示)位置时,及时给出报警及表示。

图 3-6　道岔四开

三、转辙机的基本要求

转辙机的基本要求具体如下：

(1)作为转换装置,应具有足够大的拉力,以带动尖轨做直线往返运动;当尖轨受阻不能运动到底时,应随时可以通过操纵使尖轨回复原位。

(2)作为锁闭装置,当尖轨和基本轨密贴时,不应进行锁闭;一旦锁闭,应保证不致因车通过道岔时的震动而错误解锁。

(3)作为监督装置,应能正确地反映道岔的状态。

(4)应有安全装置,确保维修人员的安全。

小贴士

道岔被挤后,在未经人工修复之前不应再使道岔转换。

四、转辙机的分类

(1)按动作能源和传动方式分类,转辙机可分为电动转辙机、电动液压转辙机和电空转辙机。

(2)按供电电源种类,转辙机可分为直流转辙机和交流转辙机。

直流转辙机采用直流电动机,工作电源是直流电。ZD6 系列电动转辙机就是直流转辙机,由直流 220V 供电。ZY 系列电液转辙机也是直流转辙机,亦由直流 220V 供电。电空转辙机则由 24V 直流电供电。直流电动机的缺点是,由于存在换向器和电刷,易损坏,故障率较高。

交流转辙机采用三相交流电源或单相交流电源,由三相异步电动机或单相异步电动机(现大多采用三相异步电动机)作为动力。交流转辙机采用感应式交流电动机,不存在换向器和电刷,因此故障率低,而且单芯电缆控制距离远。

(3)按锁闭道岔的方式,转辙机可分为内锁闭转辙机和外锁闭转辙机(图 3-7)。

内锁闭转辙机依靠转辙机内部的锁闭装置锁闭道岔尖轨,是间接锁闭的方式。ZD6 系列等大多数转辙机均采用内锁闭方式。内锁闭方式,锁闭可靠程度较差,列车对转辙机的冲击大。

外锁闭转辙机虽然内部也有锁闭装置,但主要依靠转辙机外的外锁闭装置锁闭道岔,将密贴尖轨直接锁于基本轨,斥离尖轨锁于固定位置,是直接锁闭的方式。外锁闭方式锁闭可靠,列车对转辙机几乎无冲击。

图 3-7 外锁闭

(4)按是否可挤,转辙机分为可挤型转辙机和不可挤型转辙机。

可挤型转辙机内设挤岔保护(挤切或挤脱)装置,道岔被挤时,动作杆解锁,保护了整机。不可挤型转辙机内不设挤岔保护装置,道岔被挤时,挤坏动作杆与整机连接结构,应整机更换。电动转辙机和电液转辙机都有可挤型和不可挤型。

五、转辙机的设置

图 3-8　单机牵引

1. 未提速区段

(1)未提速之前,每一组道岔岔尖处均设一台转辙机,称谓单机牵引(图 3-8)。

(2)尖轨加长且有弹性,需两台转辙机(图 3-9)。

(3)可动心轨道岔心轨需单独设置一台转辙机。

2. 提速区段

提速道岔,根据不同情况可选用 1 台或者(1 +1),2 台或者(2 +2),5 台(3 +2),9 台(6 +3)实现牵引。两台以上的称为多机牵引(图 3-10)。

图 3-9　尖轨需要两台转辙机

图 3-10　多机牵引

知识点 2　ZD6 型转辙机

ZD6 系列电动转辙机是我国铁路使用最广泛的电动转辙机。

ZD6-A 型是 ZD6 系列转辙机的基本型,其他型号 ZD6 型转辙机都是以 ZD6-A 型为基础改进、完善而发展起来的。如上海城市轨道交通在停车场道岔采用单机牵引,转辙机采用 ZD6-D 型;正线采用双机牵引,转辙机采用 ZD6-E 型(第一牵引点)和 ZD6-J 型(第二牵引点)。电动转辙机根据现场情况可以安装在线路的两侧。

图 3-11　ZD6 电动转辙机

一、ZD6 转辙机的机构和原理

ZD6 电动转辙机如图 3-11 所示,主要由电动机、减速器、摩擦连接器、自动开闭器、主轴、动作杆、表示杆、移位接触器,底壳及机盖等组成(图 3-12)。

电动机轴按图 3-13 中所示的逆时针方向旋转,电动机通过齿轮 1 带动减速器,减速器中的输入轴按顺时针方向转动,输出轴按逆时针方向旋转,输出轴通过一个正反十字形接头的起动片带动主轴,使主轴随输出轴按逆时针方向旋转,锁闭齿轮在旋转的过程中完成了机械的解锁,转换时拨动齿条块(使动作杆向右移带动道岔),锁闭三个作用。同时带动自动开闭器的动接点1、3排接点断开,2、4排接点闭合。

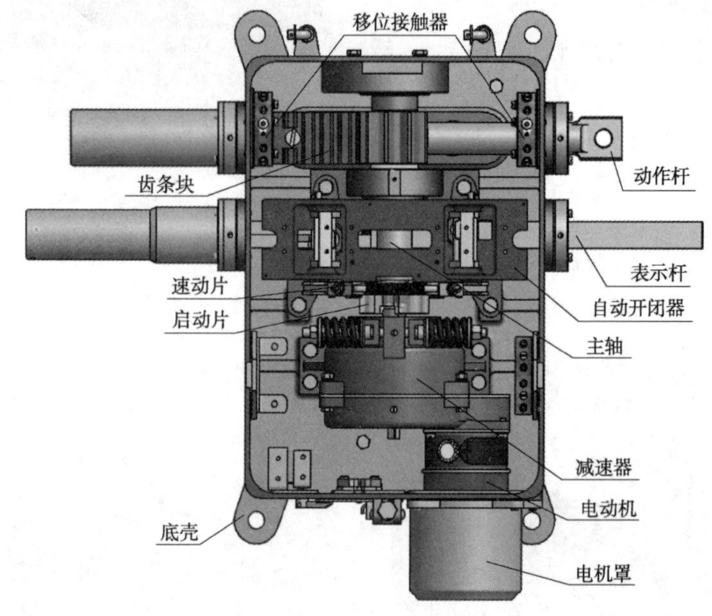

图3-12　ZD6电动转辙机结构简图

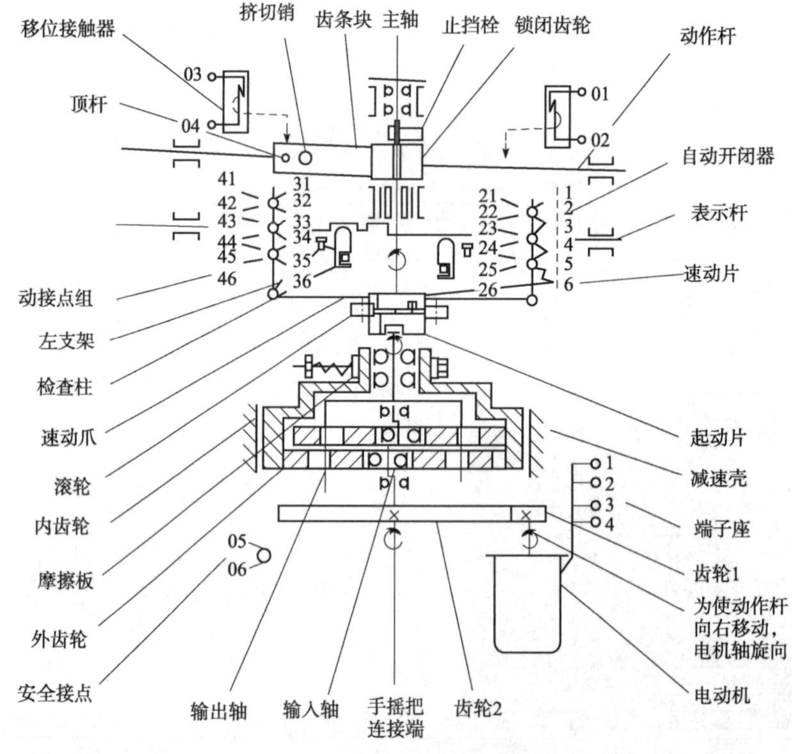

图3-13　ZD6电动转辙机传动原理图

二、ZD6 电动转辙机各主要部件的作用

1. 电动机

ZD6 电动机如图 3-14 所示。在接线端子上加入额定电压后，电机线圈内有电流流过，从而产生转动。额定电压为 160V，额定电流为 2A。

2. 减速器

ZD6 减速器如图 3-15 所示。将电动机输出的高转速、小转矩的机械能，转变成低转速、大转矩的机械能，防止非正常情况下损坏机件或烧毁电动机。减速器是电动转辙机的主要部件，由减速器壳、内齿轮、外齿轮、偏心套、中间板、输入轴、大齿轮、输出轴等组成。它的作用是将电机的高转速降低为适合道岔转换的低转速，与此同时，将电动机输入的小转矩增大到足以能够驱动带规定负载的道岔转换锁闭机构。由于采用了行星减速机构，故具有一定程度的防逆转功能，以防列车通过道岔时产生冲击力矩而解锁道岔。它的特点是当道岔转换终了时，将电机旋转剩余惯量吸收掉，遇到阻碍时起连接作用。通过电流调整、控制道岔的实际转换力矩，起到设备的保护作用。当停电或故障时，其输入轴头部方榫供手摇转动道岔。

3. 摩擦连接器

ZD6 摩擦连接器如图 3-16 所示。减速器内齿轮的小外圆上端装有摩擦制动板，摩擦制动板下端套于固定在减速壳上的夹板轴，上端用螺栓弹簧压紧时，内齿轮就靠摩擦作用被“固定”起来。因此在正常转换情况下，依靠摩擦力，内齿轮给予外齿轮一个反作用力，使外齿轮在摆动式运动中旋转，带动输出轴、主轴、锁闭齿轮转动，从而带动道岔转换，当发生道岔尖轨遇有障碍物不能密贴，锁闭齿轮、主轴、输出轴等不能再转动，而电动机却还在转动时，由于输入轴还随电动机在转动，外齿轮仍继续沿内齿轮作逐齿咬合的摆动式运动。但输出轴不能转动，外齿轮受滚棒的阻止而不能自转。在这种情况下，摆动式运动使外齿轮对内齿轮有一个作用力，迫使内齿轮在摩擦制动板中旋转。

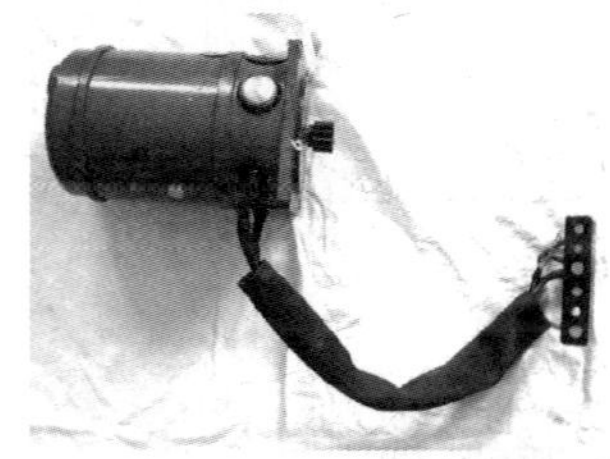

图 3-14　ZD6 电动机

图 3-15　ZD6 减速器

图 3-16　ZD6 摩擦连接器

摩擦连接器的摩擦力要调整适当，过紧会导致电动机和有关机件损坏，过松不能正常带动道岔转换，通过调整弹簧压力的大小来调整摩擦力，一般用测量摩擦电流值来衡量摩擦力大小。

4. 主轴

ZD6 主轴如图 3-17 所示。由主轴、主轴套、止挡栓、锁闭齿轮、挡圈及滚轮轴承等组成。该主轴由底壳的一端插入或抽出，不受其他部件互相影响。从来自减速器的转矩，通过起动片传给主轴，又由主轴通过花键配合将转矩传到锁闭齿轮，锁闭齿轮和齿条啮合传动，就把旋转运动转换成动作杆的水平移动，并且完成圆弧锁闭动作。

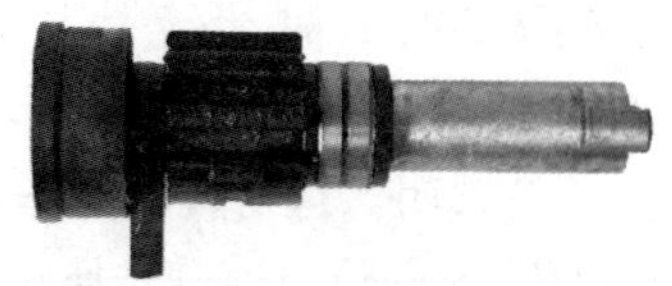

图 3-17　ZD6 主轴

主轴的作用是推动大齿条块以转换道岔，并和削尖齿相配合完成对道岔的机械锁闭（又称内部锁闭）。

5. 转换锁闭装置

转换锁闭装置由锁闭齿轮和齿条块、动作杆组成，用来把旋转运动改变为直线运动以带动道岔尖轨位移，并最后完成内部锁闭。

(1)锁闭齿轮和齿条块

锁闭齿轮如图3-18a)所示，共有7个齿，其中1和7是位于中间的起动小齿，在它们之间是锁闭圆弧。齿条块上有6个齿7个齿槽，如图3-18b)所示。中间4个是完整的齿，两边的两个是中间有缺槽的削尖齿。缺槽是为了锁闭齿轮上的起动小齿能顺利通过而设的。

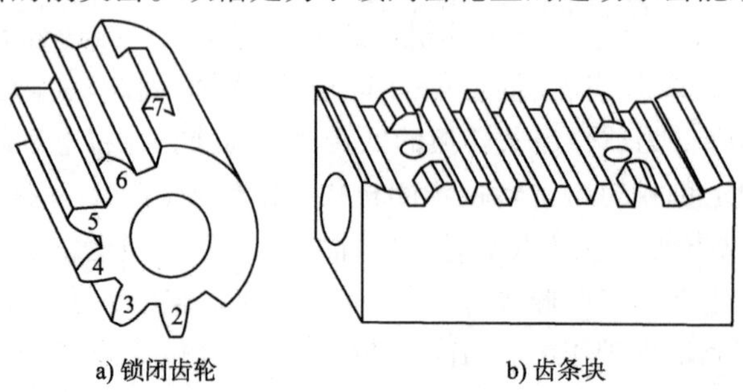

图3-18　锁闭齿轮和齿条块

当道岔在定位或反位，尖轨与基本轨密贴时，锁闭齿轮的圆弧正好与齿条块的削尖齿弧面重合，如图3-19所示。这时如果尖轨受到外力要使之移动，或列车经过道岔使齿条块受到水平作用力，这些力只能沿锁闭圆弧的半径方向传给锁闭齿轮，它不会转动，齿条块及固定在其圆孔中的动作杆也不能移动，这样就实现了对道岔的锁闭。

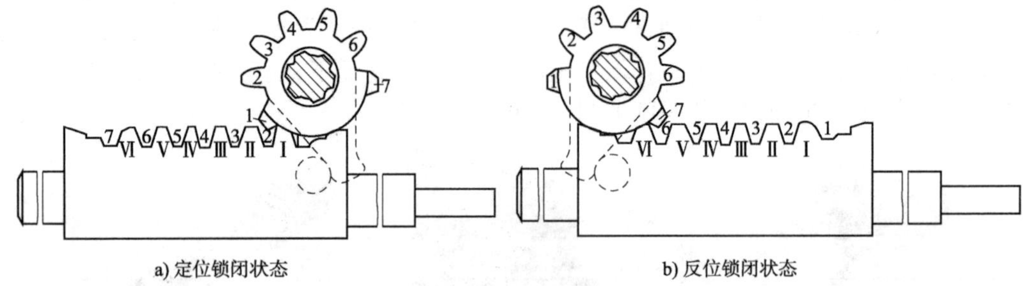

图3-19　转辙机的内锁闭

电动转辙机每转换一次，锁闭齿轮与齿条块要完成解锁、转换、锁闭三个过程。

①解锁。假设定位锁闭状态，若要将道岔转至反位，电动机必须逆时针旋转，输入轴顺时针旋转，使输出轴逆时针旋转，通过起动片带动主轴及锁闭齿轮作逆时针转动。此时，锁闭齿轮的锁闭圆弧面首先在齿条块的削尖齿上滑退，锁闭齿轮上的起动小齿从削尖齿旁经过。当主轴旋转32.9°时，锁闭圆弧面全部从削尖齿上滑开，起动小齿与齿条块齿槽的右侧接触，解锁完毕。

②转换。起动小齿拨动齿条块，锁闭齿轮带动齿条块移动，即将转动变为平动。锁闭齿轮转至306.1°时，齿条块及动作杆向右移动了165mm，使原斥离尖轨转换到反位，与另一基本轨密贴。

③锁闭。道岔转换完毕必须进行锁闭，否则齿条块及动作杆在外力作用下可倒退，造成“四开”的危险。道岔转换完毕后，锁闭齿轮继续转动到339°，锁闭齿轮的起动小齿7在削尖齿Ⅵ旁经过，锁闭齿轮上的圆弧面与齿条块削尖齿弧面重合，实现了锁闭。此时，止挡栓

碰到底壳上的止挡桩,锁闭齿轮停止转动。

(2)动作杆

动作杆(图3-20)是转辙机转换道岔的最后执行部件。动作杆一端与道岔的密贴调整杆相连接,带动尖轨运动。动作杆通过挤切销和齿条块连成一体,正常工作时,它们一起运动。之所以用挤切销连接,是为了挤岔时,动作杆和齿条块能迅速脱离联系,使转辙机内部机件不受损坏。挤切销分主销和副销,分别装于锁闭齿轮削尖齿中间开口处的挤切孔内。主销挤切孔为圆形,主销能顺利插入起主要连接作用。副销挤切孔为扁圆形,副销插入起备用连接作用。如果是非挤岔原因使主销折断,副销还能起到连接作用。这是因为,副销挤切孔为扁圆形,齿条块在动作杆上有3mm的窜动量。

6. 自动开闭器

ZD6自动开闭器如图3-21所示。

(1)构成转辙机启动电路后,在转换过程中,以其机械动作构成两次接点变位,监督转辙机转换全过程动作是否按要求完成。

(2)道岔被挤时,表示杆移动将检查柱顶起,使自动开闭器一排动接点离开静接点,从而切断道岔表示电路。

7. 表示杆

ZD6表示杆如图3-22所示。随道岔的转换而动作,通过调整缺口,使得道岔到达定位或反位,尖轨与基本轨密贴并锁闭良好时,表示杆上缺口正好运行至自动开闭器检查柱的下方,使检查柱落入其缺口内,从而带动接点转换,接通道岔表示电路。

图3-20 ZD6动作杆

图3-21 ZD6自动开闭器

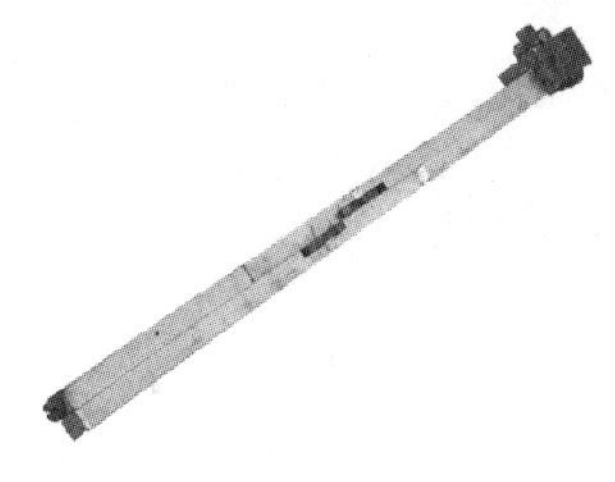

图3-22 ZD6表示杆

8. 移位接触器

移位接触器(图3-23)是一只非自复式辙动开关,它有一组常闭接点,在转辙机中位于机壳侧壁齿条块顶杆的上方。它的作用是用它的常闭接点串联在道岔表示电路中,监督主挤切削的状态是否完好,在道岔被挤时,如果表示杆被推或拉的动程不足,检查柱未被顶起,而主副挤切销被挤断,动作杆在齿条块内位移,导致顶杆上升,使移位接点断开,切断转辙机表示电路,向行车值班员报警。

9. 安全接点

安全接点(图3-24)应接触良好。在插入手摇把或钥匙时,安全接点应可靠断开,非经人工恢复不得接通电路。

三、ZD6型转辙机的传动原理

ZD6型转辙机的传动主要靠挤岔装置,包括动作杆与齿条块之间的挤切装置,自动开闭器中的检查柱斜面和表示杆检查块缺口斜面,以及移位接触器。

图 3-23　ZD6 移位接触器

图 3-24　ZD6 安全接点

挤切装置如图 3-25 所示，平时齿条块与动作杆通过挤切销连接在一起。当挤岔时，挤切销折断，动作杆在齿条块内移动，顶杆顶起，将移位接触器接点切断，从而切断表示电路。

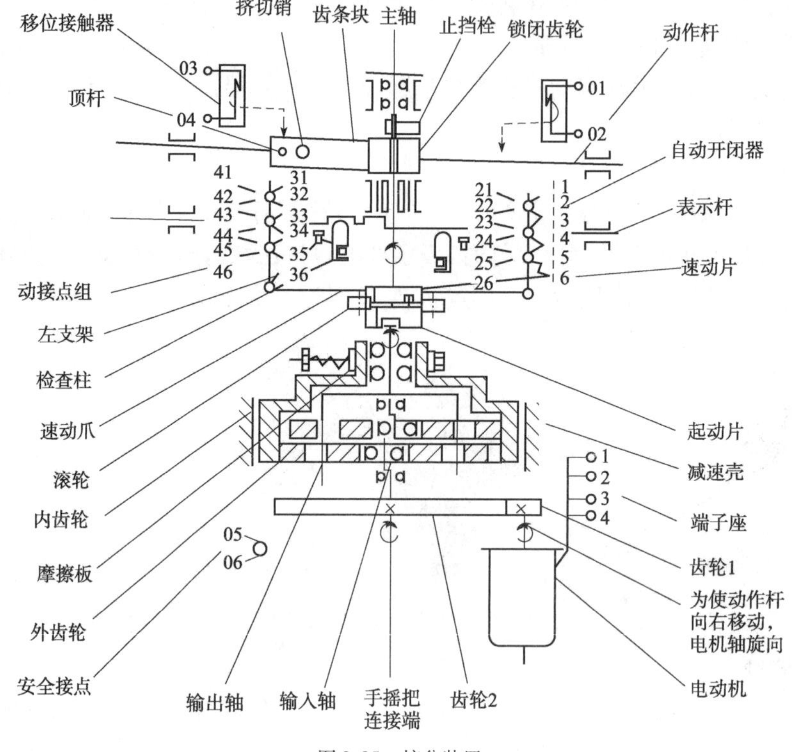

图 3-25　挤岔装置

现在分析所有的传动过程，如下：

来自道岔控制电路的电源，经图 3-25 中开闭器的第 1 排接点，接至电动机，使电动机轴按图中所示方向旋转。

电动机通过小齿轮 1 传动大齿轮 2，大齿轮与一齿差减速器的输入轴是用键连接的。通过一齿差减速器减速后由输出轴输出转矩。输出轴按逆时针方向旋转并使起动片转动，起动片带动主轴。输出轴与起动片用扁圆连接，起动片与主轴也是用扁圆连接，因此相当于一个十字滑块连接器。起动片上的斜面推动速动爪上的滚轮，使速动爪转动。速动爪的爪尖逐渐退出速动片的缺口，通过自动开闭器断开第三排接点，切断表示电路；同时主轴的转动使锁闭齿轮开始解锁。在起动片转动一定角度后，起动片上的拨片钉带动速动片一起旋转。此时锁闭齿轮也已将齿条块解锁，主轴就通过锁闭齿轮和齿条块将旋转运动转换成动作杆的直线运动，并通过密贴调整杆带动道岔。

在完成转换过程后，锁闭齿轮的圆弧面即将进入齿条块的另一个削尖齿的圆弧面上，对齿条块进行锁闭。因此右侧速动爪快速落入速动片缺口中，使自动开闭器动接点组快速断开第1排的电机电路，并接通第2排接点，表示道岔锁闭在新的位置。此时动接点支架上带动的检查柱必须能进入表示杆检查块的缺口（此缺口在平时调整时，每侧应留1.5mm的间隙）。检查柱进入检查块缺口表示道岔已被锁在正确位置。如果表示杆检查块的缺口位置偏移，检查柱落不到缺口内只能落到表示杆检查块的平面上，则表示电路不能接通。具体传动流程如图3-26所示。当尖轨与基本轨有障碍物，动作杆受阻不能时，电动机动作电不切断，迫使电动机带动摩擦带连接器空转，防止转辙机各种部件受伤。直到车务人员采取措施，将道岔往回转动。

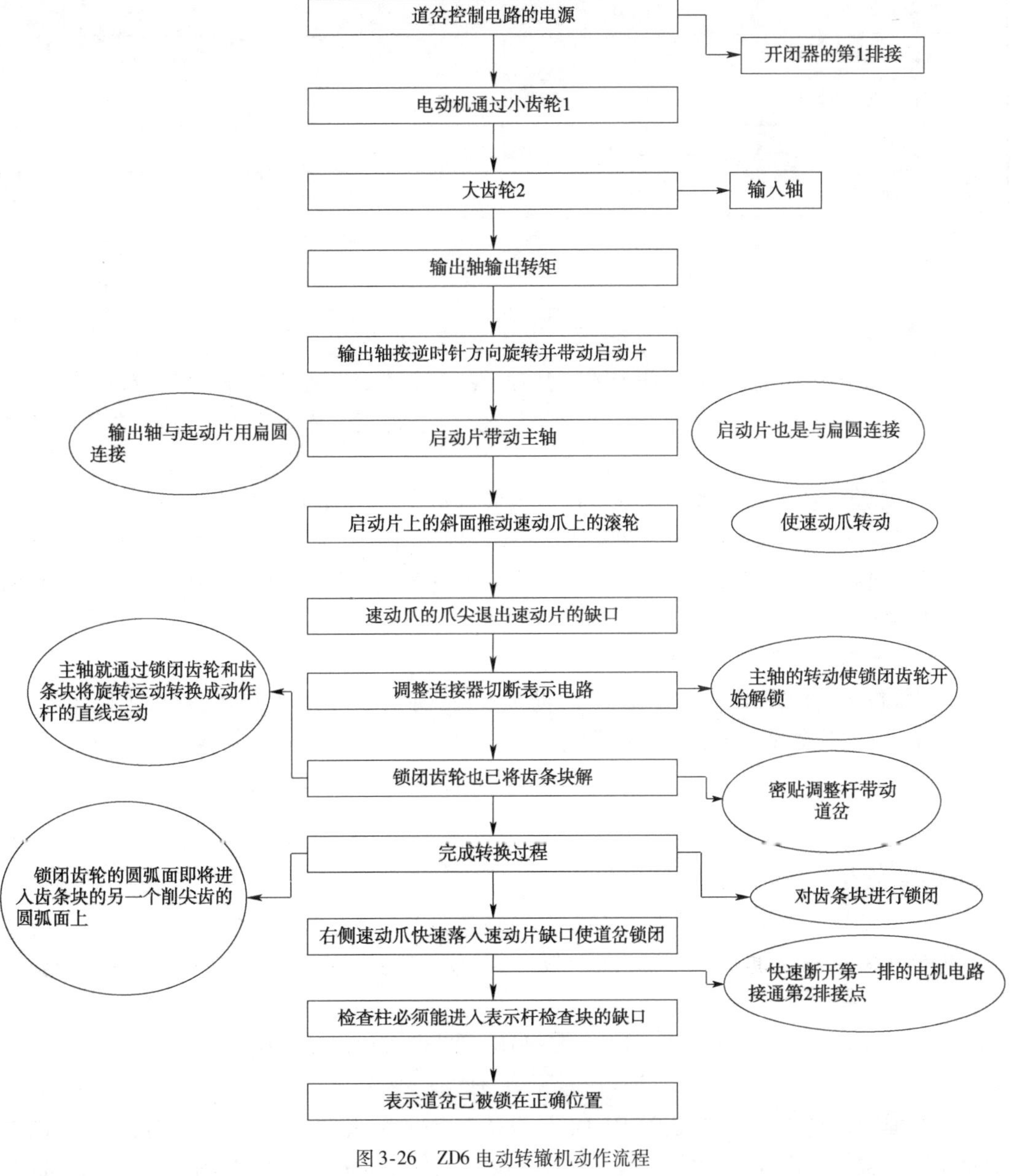

图3-26　ZD6电动转辙机动作流程

当挤岔时，车轮将尖轨移动，通过密贴调整杆传到动作杆；由于动作杆和齿条块是由挤切削连接的，齿条块被锁闭齿轮锁住不能动作，因此挤岔力超过挤切削的挤切力后就将挤切削挤断，移位接触器接点断开，切断表示电路。与此同时，表示连接杆也受力再传动转辙机的表示杆。表示杆斜面推动检查柱向上运动，检查块移动压缩弹簧，在移动8mm时表示接点被切断，给出挤岔表示。

四、ZD6型电动转辙机的主要技术特性

ZD6型电动转辙机的主要技术特性应符合表3-1的规定。

ZD6型电动转辙机的主要技术特性 表3-1

项　目	ZD6-D型	ZD6-E型	ZD6-J型
额定负载(N)	3430	5884	5884
额定电压(V)	160	160	160
工作电流(A)	≤2.0	≤2.0	≤2.0
转换时间(s)	≤5.5	≤9	≤9
动作杆动程(mm)	165±2	190±2	165±2
表示杆动程(mm)	135~185	140~190	50~130
主锁闭力(N)	29420±1961	49033±3266(不可挤)	29420±1961
副锁闭力(N)	29420±1961	>88254	29420±1961

各种类型的转辙机、转换锁闭器或道岔表示及密贴检查装置应符合下列技术要求：

(1)能可靠地转换道岔。在尖轨与基本轨密贴后，将道岔锁闭在规定位置，并给出道岔位置的表示。

(2)正常转换道岔时，挤切销或保持连接装置应保证不发生挤切或挤脱。当道岔被挤时，同一组道岔上的转辙机或转换锁闭器、密贴检查装置的表示接点必须断开。

(3)安全接点应接触良好。在插入手摇把或钥匙时，安全接点应可靠断开，非经人工恢复不得接通电路。

(4)齿轮装置的各齿轮啮合良好，传动不磨卡，无过大噪声。

(5)整机密封性能良好，能有效防水、防尘。手摇把孔和钥匙孔处不漏水，不进尘土，机内无积水、粉尘及杂物。各种零部件无锈蚀。

(6)机内配线的接线片和接线端子的螺母无松脱、虚接和滑扣现象。配线的绝缘层无损伤。

凡用于正线道岔第一牵引点的转辙机，动作杆和表示杆必须具备锁闭功能。

道岔为60kg/m及其以上钢轨时，其转辙设备安装装置应采用125mm×80mm×12mm角钢。

知识点3　S700K型电动转辙机

广州地铁二号线、四号线道岔上的信号设备有S700K转辙机、分动外锁闭装置、基础角钢安装装置及动作连接杆、表示杆等。S700K转辙机的作用是提供转换力，带动外锁闭装置的

锁闭杆动作。产品主要特点是采用精密加工的滚珠丝杠传动结构,使用三相交流电动机。

广州地铁的实践证明:采用可挤型 S700K 转辙机、分动外锁闭装置和道岔相结合使用,S700K－C 型电动转辙机结构先进,工艺精良,不但解决了旧机型固有的电机断线、故障电流变化、接点接触不良、移位接触器跳起和挤切销折断等故障,而且可以做到“少维护,少维修”,很大程度上降低了信号维修人员的工作强度。

一、S700K 电动转辙机左装与右装的判别

S700K-C 转辙机是一种规格齐全的电动转辙设备,可以满足道岔尖轨、心轨的单机、双机和多机牵引的需要。根据需要不同,S700K－C 分为许多种类,根据安装方式的不同,每一种类又分为左装和右装两种。所谓左装或右装是指:面对尖轨或心轨时,转辙机安装在线路左侧的,称为左装;安装在右侧的称为右装。左装的转辙机型号用字母 A 加上奇数数码表示,如 A13、A15;右装的转辙机型号用字母 A 加上偶数数码表示,如 A14、A16 等。

S700K 转辙机的左装和右装判断方式有(图 3-27)。

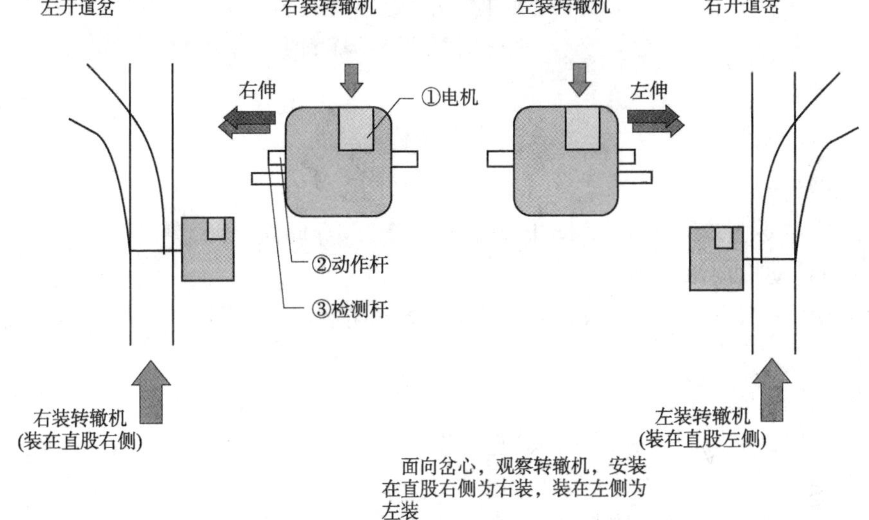

图 3-27　S700K 转辙机的左装和右装判断

横向面对转辙机,使转辙机的电机处于离自己较近的一侧。此时,动作杆和检测杆若从转辙机的左侧伸出,则为左装转辙机;若动作杆和检测杆若从转辙机的右侧伸出,则为右装转辙机。

直接面对转辙机的动作杆和检测杆伸出的一面,此时,若检测杆处于动作杆的左侧,则为左装转辙机;否则为右装转辙机。

若转辙机已经安装到位,则面对心轨或尖轨时,转辙机安装在线路左侧的,为左装转辙机;否则为右装转辙机。

小贴士

通俗点讲,就是你站在尖轨尖端,面对辙叉看曲线在你的手哪侧,在右侧就是右开,反之就是左开。

二、S700K 转辙机的结构

S700K 转辙机结构如图 3-28 所示。

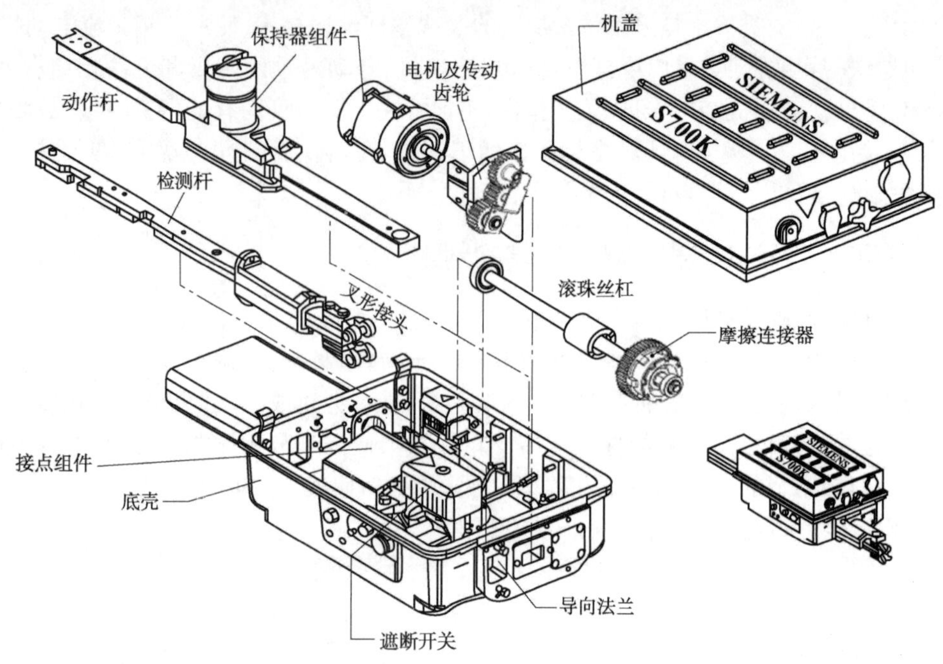

图 3-28　S700K 转辙机结构图

(1)外壳部分

外壳部分主要由铸铁底壳、动作杆套筒、导向套筒、导向法兰四部分组成。

(2)动力传动机构

动力传动机构主要由三相电机、摇把齿轮、摩擦连接器、滚珠丝杠、保持连接器、动作杆六部分组成。

(3)检测机构

检测机构主要由检测杆、叉形接头、速动开关组、锁闭块、锁舌、指示标六部分组成。

(4)安全装置

安全装置主要由开关锁、遮断开关、连杆、摇把孔挡板四部分组成。

(5)配线接口端

配线接口端主要由电缆密封装置、接插件插座两部分组成。

以上各主要部分的作用如下:

(1)三相交流电动机

图 3-29　三相交流发电机

S700K 采用的是 380V 三相交流电动机,是转辙机动力的源泉。三相交流电动机的三个绕组呈星形接法,每相的引出线为单根多股软线,因而从根本上解决了直流电动机必须设置整流子造成的电机电枢断线、枢间混线、炭刷与整流子接触不良等惯性故障,从而提高了设备的可靠性和使用寿命,减少了维修量。如图 3-29 所示。

(2)带摩擦连接器的滚珠丝杠

滚珠丝杠的结构相当于一个直径 32mm 的螺栓和螺母。它的动作原理是:当滚珠丝杠正向或反向旋转一周(360°)时,螺母前进或后退一个螺距。

其作用为:

①将电动机的旋转运动变为直线运动;

②起到减速作用,其减速比取决于丝杠的螺距。

(3)遮断开关

切断转辙机动力电源,故又称安全接点,手动操作前必须处于打开状态。如图3-30所示。

(4)接点组(图3-31)

转辙机转换到不同位置,能够给出相应的表示电路。

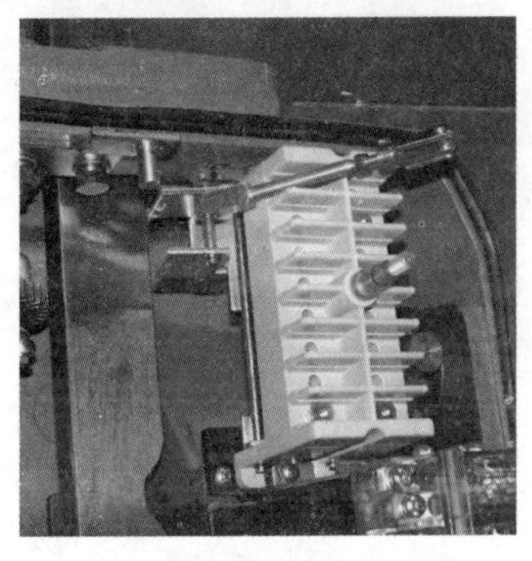

图3-30 遮断开关

图3-31 接点组

(5)检测杆

检测杆(图3-32)随尖轨或心轨转换而移动,用来监督道岔在终端位置时的状态。检测杆有上、下两层,上层检测杆用于监督缩进密贴的尖轨(或心轨)的工作状态,下层检测杆用于监督伸出密贴的尖轨(或心轨)的工作状态。

上、下层检测杆之间没有连接或调整装置,外接两根表示杆,分别调整。道岔转换时,由尖轨或心轨带动检测杆运动。当密贴尖轨或密贴心轨,斥离尖轨或斥离心轨到达规定位置,上、下检测杆的大小缺口对准转辙机的锁闭块时,锁舌才能弹出。也就是说密贴尖轨或密贴心轨,斥离尖轨或斥离心轨到达规定位置,才能给出有关表示。

(6)保持连接器

保持连接器(图3-33)是转辙机的挤脱装置。保持连接器利用弹簧的压力通过槽口式结构将滚珠丝杠与动作杆连接在一起。

图3-32 检测杆

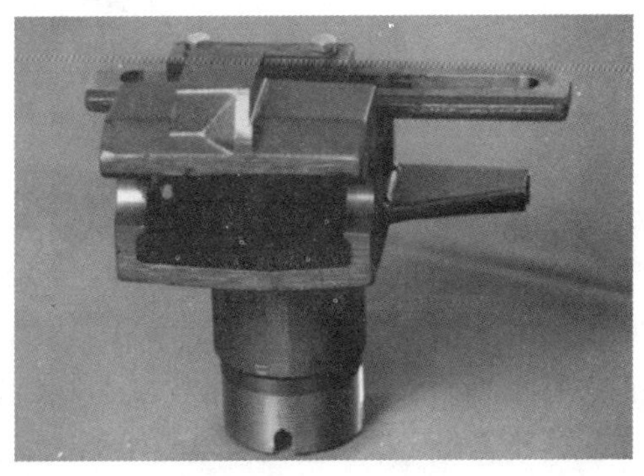

图3-33 保持连接器

当道岔的挤岔力超过弹簧压力时，动作杆滑脱，起到整机不被损坏的保护作用。就相当于 ZD 型电动转辙机中的挤岔装置。

对不可挤型转辙机，工厂将在保持连接器中另外放置一个止挡环，用于阻止与动作杆相连的保持栓的移动，这就改成了硬连接结构。

三、S700K 型电动转辙机的动作原理

电动机将动力通过减速齿轮组，传递给摩擦连接器，摩擦连接器带动滚珠丝杠转动，滚珠丝杠的转动带动丝杠上的螺母水平移动，螺母通过保持连接器经动作杆、锁闭杆带动道岔转换，道岔的尖轨或可动心轨经外表示杆带动检测杆移动。如图 3-34 所示。

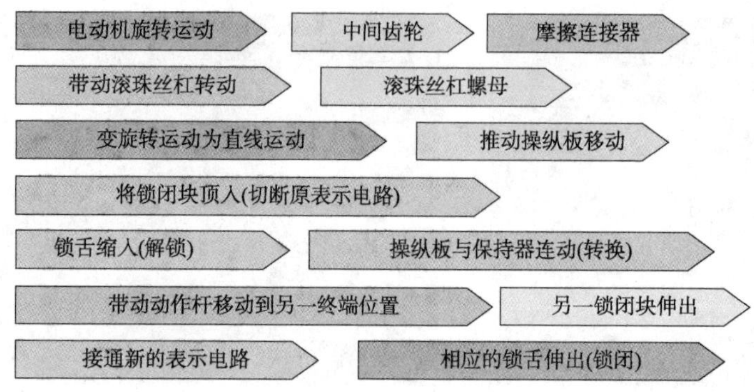

图 3-34　转辙机的传动过程

S700K 转辙机的动作过程如下（图 3-35）：

（1）解锁过程及断开表示接点过程；

（2）转换过程；

（3）锁闭及接通新表示接点过程。

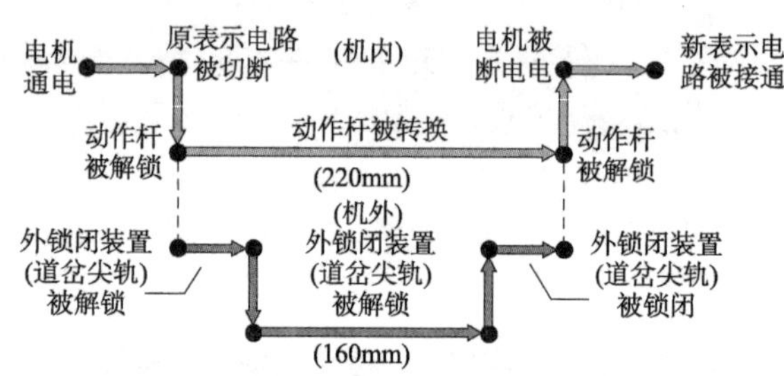

图 3-35　转辙机的动作过程

四、S700K 型转辙机控制电路原理

交流转辙机采用三相交流电源，供电电压为 380V。为防止在三相交流电源断相情况下烧坏电动机，在交流转辙机控制电路中设有 DBQ。

DBQ 由三个电流互感器、桥式整流器和保护继电器 BHJ 三部分组成。三个电流互感器的 Ⅰ 次侧线圈分别串联在交流电路中，Ⅱ 次侧线圈头尾相连，经二极管桥式整流后，输出端接 BHJ。

进路式操纵，道岔由定位向反位转换：

(1)1DQJ 励磁电路：KZ→CA61－63→SJ81－82→1DQJ3－4 线圈→2DQJ141－142→AJ11－13→FCJ61－62→KF。1DQJ 吸起后，1DQJF 随之吸起。

(2)1DQJF 励磁电路：KZ→1DQJF1－4 线圈→TJ33－31→1DQJ32－31→KF。1DQJ 励磁吸起，经 SJ 检查区段空闲、进路在解锁状态后，由 1DQJF 接通 2DQJ 转换电路。如图 3-36 所示。

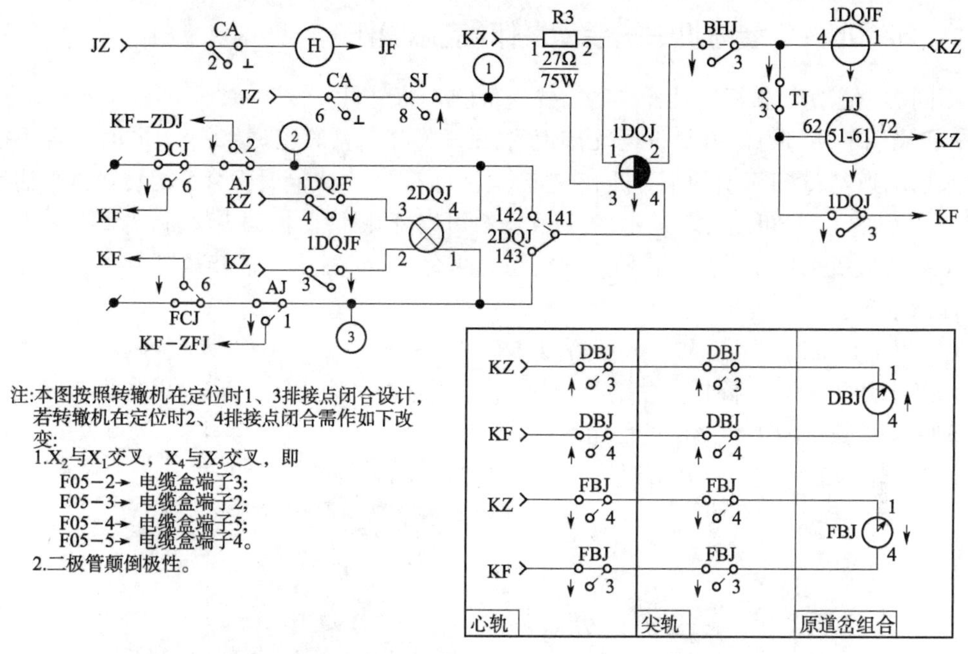

图 3-36　转辙机控制电路

(3)2DQJ 转极电路：KZ→1DQJF31－32→2DQJ2－1 线圈→AJ11－13→FCJ61－62→KF。

三相交流电动机电路：1DQJ、1DQJF 励磁吸起，2DQJ 转极后构成三相交流电动机电路，A、B、C 三相交流电源经 RD1～RD3 进入保护器 DBQ，接通电动机定子线圈，电路分别是：

①A 相→RD1→DBQ11－21→1DQJ12－11→X1→电动机 A 线圈；

②B 相→RD2→DBQ31－41→1DQJF12－11→2DQJ111－113→X4→转辙机接点 11－12→电动机 C 线圈；

③C 相→RD3→DBQ51－61→1DQJF22－21→2DQJ121－123→X3→转辙机接点 13－14→遮断开关 K→电动机 B 线圈。

三相交流电动机相序为 A、C、B，电动机反转。电动机转动时三相电流经 DBQ，使 BHJ 吸起，接通 1DQJ 自闭电路。

五、S700K 型交流电动转辙机技术性能

(1)电动机：采用三相交流 380V 电源（设有专门的电源屏）；

(2)转换力：6000N（当外阻力超过该转换力时电机就会出现空转现象，不能带动尖轨进行转换）；

(3)保持力：90kN（即作用到转辙机内部的振动、车轮侧向冲击等外力不能超过此力）；

(4)转辙机动程：150mm、220mm、240mm 三种（依据其放置的地理位置不同，其转换的动程也不一样，如尖轨处与心轨处）；

(5)动作时间:不大于7.2s(与以前ZD6型转辙机基本一致,是否插入转换的一个过程);

(6)动作电流:不大于2A;

(7)单线电阻:不大于54Ω;

(8)检测杆行程:69mm、76mm、87mm、98mm、110mm、117mm、160mm、180mm等多种(也就是尖轨与基本轨或心轨与翼轨之间的距离。同样,由于安装位置的不同,其行程也会不同)。

六、S700K－C转辙机——手动操作(应急操作)

不同类型道岔转辙机手摇操作时需要配备的人员说明:

2机牵引的9号有砟道岔、9号无砟道岔,手动操作道岔时,需要2个人同时配合手摇转辙机来摇动道岔;3机牵引的12号固定心轨道岔,需要3个人同时配合手摇转辙机来摇动道岔;5机牵引的12号可动心轨道岔,尖轨和心轨可以分开摇动,扳动尖轨时,需要3个人同时配合手摇转辙机来摇动道岔;扳动心轨时,需要两个人同时配合手摇转辙机来摇动道岔。

注意事项:

(1)以上作业时必须有防护人员陪同。

(2)摇动的过程中,除摇道岔的人员外,禁止接触道岔的任何一部分,以防止造成夹伤。

S700K转辙机的手动操作过程如下:

(1)使用暗锁钥匙→打开暗锁从而打开机盖(逆时针旋转)(图3-37)。

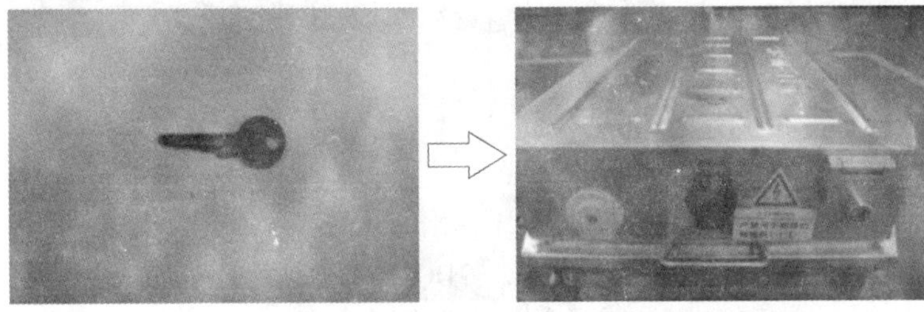

图3-37　使用暗锁钥匙打开暗锁及机盖

(2)使用摇把锁钥匙(翅膀钥匙)→打开开关锁(逆时针旋转)(图3-38)。

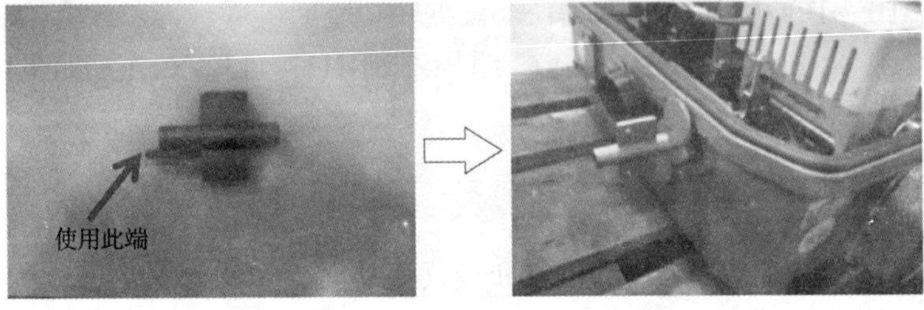

图3-38　使用摇把锁钥匙打开开关锁

(3)使用摇把锁钥匙(翅膀钥匙)→打开摇把锁(顺时针旋转90°)(图3-39)。

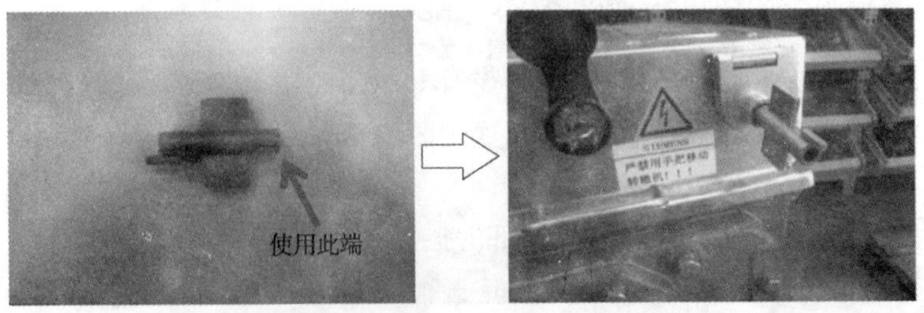

图3-39　使用摇把锁钥匙打开摇把锁

(4)转辙机切断电路使用手摇把→沿轴向向里轻推，使塑料齿轮与金属齿轮啮合→摇动转辙机使道岔转换(图3-40)。

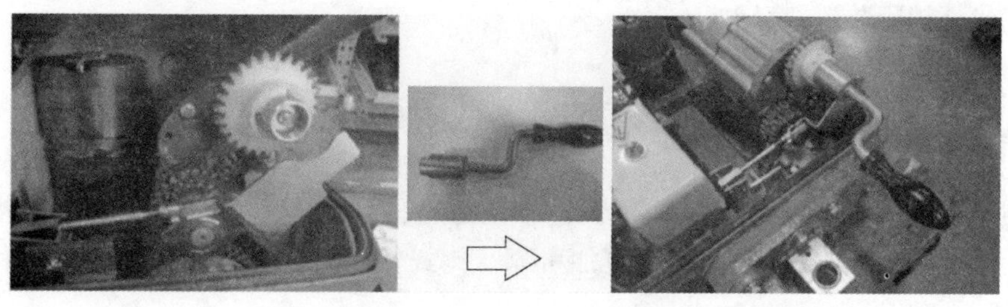

图3-40　使用手摇把使道岔转换

(5)摇动后锁闭块缩入，接点顶起→锁闭块伸出，接点落下转辙机锁闭(听到"咔嚓"的落槽声)(图3-41)。

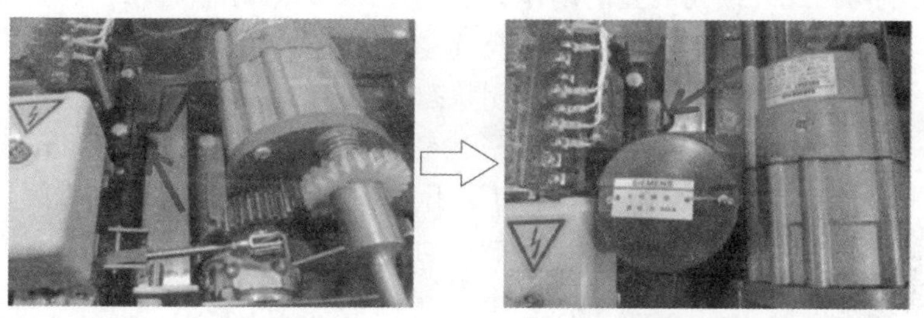

图3-41　锁闭转辙机

(6)使用摇把锁钥匙，锁上开关锁→闭合电路(提起锁闭销，顺时针旋转)(图3-42)。

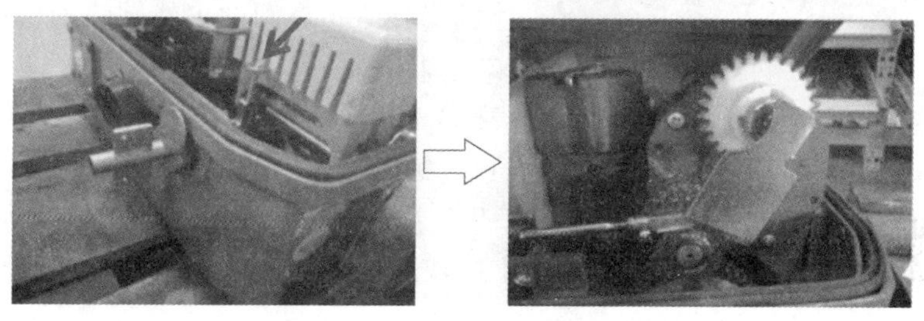

图3-42　锁上开关锁闭合电路

知识点4　外锁闭装置

外锁闭道岔的两根尖轨之间没有连接杆，在道岔的转换过程中，两根尖轨是分别动作的，外锁闭道岔转换设备消除了内锁闭方式的缺陷，适应了列车提速的要求。

外锁闭装置能有效克服尖轨在密贴是的转换阻力，可靠地锁闭道岔尖轨和基本轨(可动心轨和翼轨)，即使对于连接杆，外锁闭装置仍在起着锁闭的作用，外锁闭能够隔离列车通过时对转换设备的振动和冲击，提高转换设备的寿命和可靠性。

道岔转换设备外锁闭装置及安装装置，是保证地铁运营安全的重要技术设备。外锁闭装置及安装装置是通过电动转辙机的牵引实现道岔的解锁和锁闭的。如专用于广州地铁60kg/m钢轨9号单动道岔外锁闭装置及安装装置，由一台S700K转辙机牵引。

国外外锁闭结构方式主要有：燕尾式结构、拐肘式结构、钩式结构。

我国外锁闭技术的发展经历了三个阶段：

第一代外锁闭装置：楔形燕尾；

第二代外锁闭装置：燕尾式；

第三代外锁闭装置：钩式。

一、钩式外锁闭装置

钩锁式外锁闭装置属于垂直锁闭方式，锁闭力通过锁闭铁、锁闭框直接传给基本轨。锁闭铁和锁闭框基本不承受弯矩，锁闭更加可靠。钩式外锁闭装置分为分动尖轨用和可动心轨两种。

1. 分动尖轨用钩式外锁闭装置的结构

由锁闭杆、锁钩、锁闭框、尖轨连接铁、锁轴、锁闭铁组成。如图3-43所示。

2. 分动尖轨用钩式外锁闭装置的动作原理

外锁闭工作原理：外锁闭装置解锁、转换、锁闭过程。初始状态时，左侧密贴接轨处于锁闭状态，右侧斥离尖轨与基本轨保持要求的开口，密贴尖轨锁钩同时被锁闭铁盒锁闭杆卡住不能落下。斥离尖轨锁钩的缺口卡在锁闭杆的凸起处不能移动，从而保持斥离尖轨与基本轨的开口基本不变。

图3-43　钩锁式外锁闭装置

解锁状态是：锁闭杆向右移动，斥离尖轨向密贴位移动，同时密贴尖轨处锁闭杆相对锁钩移动，当锁闭杆凸起与密贴尖轨缺口对齐时，锁钩落下卡在锁闭杆凸起内，尖轨与基本轨解锁。

锁闭杆继续向右移动，通过锁钩带动斥离尖轨和密贴尖轨同步向右移动，当锁闭杆带动道岔转换至右侧尖轨与基本轨密贴时，开始进入锁闭过程。锁闭杆继续向右移动，右侧锁钩沿锁闭杆斜面向上爬起，当锁钩升至锁闭杆凸起顶面时，进入锁闭状态，同时左侧尖轨继续向右移动至要求开口，完成转换过程。如图3-44所示。

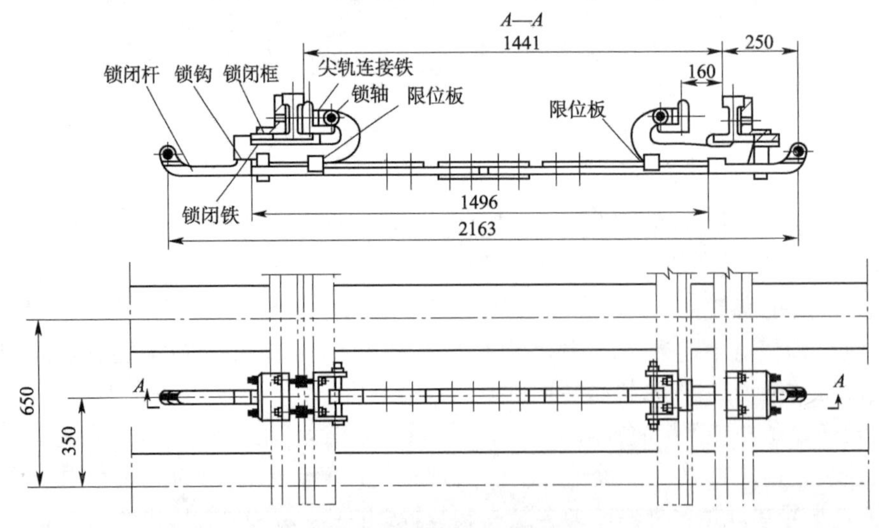

图3-44　钩式外锁闭装置动作原理(尺寸单位：mm)

3. 钩式外锁闭装置的技术要求

(1)尖轨与基本轨应该达到静态宏观密贴,在锁闭处不应有密贴力。

(2)尖轨与基本轨、心轨与翼轨之间有4mm及以上间隙时道岔不锁闭。

(3)两个及以上牵引点时,任意两牵引点尖轨与基本轨之间有10mm及以上间隙时,道岔不能锁闭。

(4)锁闭量大于35mm。

(5)尖轨开程160mm。

二、转辙机外锁闭主要技术指标

(1)尖轨与基本轨应达到静态宏观密贴,尖轨与基本轨间在外锁闭处不应有密贴力,并保证各牵引点2mm锁闭,4mm不锁闭。在尖轨第一二牵引点间任意一点上,尖轨与基本轨之间插入10mm厚、20mm宽的铁板,不得接通转辙机内的表示接点。

(2)尖轨第一、第二牵引点外锁闭两侧(定位、反位)锁闭量分别大于35mm、大于20mm。

(3)检测杆表示缺口调整应为指示标对准检测杆缺口标记中间,左右偏差小于0.5mm。左右位缺口均须按此规定调整。

(4)额定转换力测试达到第一牵引点大于3000N,第二牵引点大于4500N,正常转换阻力不大于2500N。第二牵引点不大于4000N。

(5)单机牵引9号道岔,开口量在152mm ±3mm内,左右偏差小于2mm;双机牵引号道岔,开口量第一牵引点在160mm ±3mm内,第二牵引点直线尖轨开口在73mm ±3mm内。曲线尖轨开口量在70mm ±3mm内;双机牵引12号道岔,开口量第一牵引点在160mm ±3mm内,左右偏差小于2mm,第二牵引点开口量在70mm ±3mm内,左右偏差小于2mm;辙叉牵引点开口量在105mm ±3mm内,左右偏差小于2mm。

知识点5 道岔和转辙机的维护与保养

一、道岔的常见故障分析处理方法

道岔出现故障后,应首先根据故障现象分析在哪些地方出现故障才能出现这种现象。其次,应首先在室外分线盘处测量电源是否送出(启动电路必须在操动道岔的同时测量,只有在操动道岔时才向外送直流220V电)。如果分线盘处能量到电压,则电源已送出,否则,是室内故障。

1. 了解故障情况

首先询问车站值班员故障现象,然后在控制台上操纵道岔试验。

2. 登记停用设备

(略)

3. 判断是室内还是室外的原因

(1)如果是单动道岔,在操动时控制台的电流表有指示,说明动作道岔的电已送至道岔。如果这时道岔不能操动到规定位置,是室外故障。在操动道岔时,如果控制台的电流表没有指示,首先到机械室的室外分线盘测量该道岔有没有电压,如果有电压说明动作道岔的电已送出,是室外故障。

(2)如果是双动道岔,在操动时控制台的电流表动一下就不动了,说明动作道岔的电已送到了一动道岔,故障出在一动道岔以后,是室外故障。

(3)如果道岔定、反位都能操动,就是没有表示。用万用表交流250V挡,在分线盘测量X_1(或X_2)与X_3间有无交流110V左右电压,如果有电压,则是室外故障,否则是室内故障。

处理方法如下:

(1)道岔动作杆调整螺栓处,因为《维规》要求道岔应有不少于5mm的空动距离,所以调整螺栓与袖套之间有5mm左右的空隙。在冬季,由于下雪,袖套下面的雪在道岔动作过程中进入袖套造成道岔空动距离小,影响道岔的走行距离使道岔不能正常转换,检查柱不能落入表示杆缺口内。也可能是道岔密贴过紧,电机空转,检查柱不能落入表示杆缺口内。

(2)由于线路冬季起冻害或春季翻浆冒泥造成岔尖的滑装板高低不平,即所说的吊板、轨距变动等使道岔的尖轨不能转至极处密贴或4mm试验不合格、道岔无表示等故障。

(3)道岔尖轨尖端部分密贴而竖切部分不密贴(即只有尖轨尖端的一小段密贴而后面的空隙很大),造成道岔尖轨反弹过大,重者造成检查柱不能落入检查块缺口内,道岔无表示。

(4)挤切销折断。挤切销折断后,移位接触器的接点断开,切断道岔表示电路。

处理方法:将齿条块上的挤切销盖拧开,取出挤切销头。然后将连接动作杆和动作连接杆的销子取下,将动作杆从齿条块中抽出来,将折断的冲挤切销取出,再把动作杆安上,将连接动作杆和动作连接杆的销子安上,安上挤切销,拧上盖。

(5)自动开闭器拐轴弯曲。自动开闭器拐轴弯曲后,动接点打入两边静接点的深度都不够,或一边够另一边接触不上。

处理方法:更换自动开闭器。

(6)摩擦电流小。电动转辙机的摩擦电流要求是在2.3~2.9A(E,J型为2.0~2.5A),如果由于摩擦带进油、摩擦连接器生锈等原因使摩擦电流变小,岔尖的滑装板吊板等原因使尖轨不能密贴。

处理方法:如果经测试是摩擦电流小,则增大摩擦电流,但不能超过2.9A;如果是工务原因,找工务解决。

二、ZD6转辙机检修作业程序

(1)检修前的准备工作;

(2)联系登记要点;

(3)到达现场确认设备位置;

(4)进行检修作业;

(5)试验设备;

(6)消记交付使用。

具体检修作业程序如表3-2所示。

ZD6转辙机检修作业程序 表3-2

作业内容	质量标准
1.检查道岔密贴、飞边情况	1.道岔尖轨密贴良好,尖轨无影响密贴的飞边无影响
2.清扫动作杆、表示杆,检查表示杆缺口标记	2.表示杆及动作杆无油垢,表示缺口标记良好
3.检查外部螺栓是否松动,开口销是否齐全,开口是否标准	3.各部螺栓紧固,开口销完整,劈开角度大于60°

续上表

作业内容	质量标准
4. 检查各部有无外界干扰	4. 设备外界无干扰,箱盒及安装装置无损伤加锁良好
5. 清扫硬化面	5. 硬化面清洁
6. 扳动试验	6. 道岔动作正常
7. 开盖检查转辙机内部机件	7. 机内部各机件无松动、断裂、损害和异状、机盖防尘良好无漏水现象
8. 检查动作杆及齿条块	8. 应符合《维规》技术要求
9. 检查表示缺口	9. 表示缺口符合标准并与外部一致
10. 检查自动开闭器	10. 应符合《维规》技术要求
11. 检查电机、碳刷	11. 应符合《维规》技术要求
12. 整机反复动作试验	12. 整机动作时无异声、动作正常
13. 检查接插件	13. 插片良好无变形,插接牢固,螺栓紧固良好
14. 清扫机内部位并注油	14. 机内各部清洁、油润、无锈
15. 扳动试验	15. 4mm 不锁闭,2mm 锁闭
16. 进行一级测试并记录	16. 测试项目按《维规》标准
17. 试验、消记	17. 经过试验确认良好,加锁后汇报客运和电务值班人员消记

三、ZD6 系列转辙机常见故障分析与处理

(1)机盖开启不灵活是什么原因?

原因是转辙机锁的联动部件磨头,拉弹簧力小,或长拉簧。处理方法是检查锁联动部件,轴销连接部油润,来回扳动顺畅后即可,拉簧老化无弹力可更换。

(2)机盖不落锁是什么原因?

机盖不落锁有 2 个原因:一是机盖调的仰角过大,机盖前锁舌勾不到锁卡上,二是锁安装偏斜,处理方法是:

①试调机盖后,调整弯头螺栓,注意两个弯头螺栓此项调平,不可一高一低,使机盖掉角达不到效果。

②把锁重新安装调正。

(3)安全接点在插入手擦把时自动切断电路,非经人工恢复为何又接通电路?

原因是断电距离小于 2mm,处理方法是调整卡锁机动接点组拐臂角度,具体做法就是把封孔板背部加强板用扳手往下扳,扳到使安全电门动接点,而不与静接点片断开 2mm 以上即可。

(4)安全电门动力接点环打入静接点片接触深度不到 4mm 是什么原因?

原因是断电距离过大,处理方法是调整上锁扣动接点组,拐臂角度,具体做法是把封孔板背部加强板用扳手往上扳,扳到使安全电门动接点环打入静接片满足 4mm 以上即可。

(5)机壳内进水进尘是什么原因?

①增孔板及封孔盖(塞)封闭不严。

②机盖盘根本不平顺,限量超限。

③机盖内放水螺栓没上或没坚固。

④防护罩筒放气孔旋上。

⑤水害，重点检查是否是转辙机钥匙孔和插入手摇把孔的胶堵后的不严或胶堵破损造成的，其他方面也要检查，采取针对性措施。

任务一：ZD6 电动转辙机的维修过程

任 务 单

<table>
<tr><td>项目名称</td><td>转辙机</td><td>任务名称</td><td>ZD6 电动转辙机的维修过程</td></tr>
<tr><td>训练目的</td><td colspan="3">掌握电动辙机的检修程序、内容及标准</td></tr>
<tr><td>实验工具</td><td colspan="3">活口扳手(或管钳子)、改锥、活口扳手、手锤、套筒扳手、万用表、铁线、钢丝刷、吹风鼓、油壶、白湿布、鹿皮、破布、棉纱</td></tr>
<tr><td>方法步骤</td><td colspan="3">1. 登记联系
(1)室内电务值班人员负责向调度工区登记联系。
(2)现场人员和室内人员联系，说明道岔号码和工作内容。
2. 设备外观检查
(1)看：各部完整无破损，加锁良好，道岔密贴，道岔爬行前后不超过 20mm，各部不磨卡；
(2)敲：用手锤依电动转辙机底座、角钢、丁字铁、象鼻铁、调整杆、表示连接杆、尖端杆的顺序检查，紧固螺母，螺栓不得低于螺母顶面，螺扣调整部分余量不得少于 10mm；
(3)摸：密贴调整杆和表示连接杆，尖端杆的连接销有无开口销，劈开角度为 60°~90°；
(4)扫：用钢丝刷和毛刷清扫各部螺栓扣并注油，做到清洁，油润。
3. 内部检查
(1)要联系要点，开盖做一般清扫工作，但开盖前必须由室内确认道岔位置是否正确。确认无误后，方可断开安全接点进行清扫或调整 。
(2)检查各部螺栓
①用六角套筒扳手紧减速器，自动开闭器的底座螺栓：
②用活口扳手紧固动接点调整螺栓；
③用改锥紧固保护接点、静接点的线头螺栓和动、静接点、移位接触器固定螺栓；
④用手紧固电动机、移位接触器的绝缘端子帽和炭刷盖。
(3)看
①各部无裂纹；
②各部开口销完好；
③换向器(整流子)无断裂、烧损现象；
④摩擦带无断裂和挤出现象；
⑤表示二极管外观良好，无烧损现象，焊头良好。
(4)扳动检查
①静接点压力适当，接触深度为不小于 4mm。动接点和静接点座间隙不得小于 3mm。两侧相差不大于 1.5mm，中心线偏差不大于 0.5mm，动接点环不得低于静接点片，静接点片不得被动接点座圆柱凸出台撑开；
②速动爪上的滚轮在转动中应在速动片上滚动接触量不小于 2mm，在解锁和锁闭时，速动片不得相碰，在解锁时，速动片无提前转支的可能；
③道岔扳至定位或反位时，检查柱落入表示缺口内两侧间隙为 1.5mm ±0.5mm；
④锁闭圆弧无明显磨耗，并用大改锥紧固挤切销压盖；
⑤摩擦带现内齿轮伸出部分应清洁无油污，调整弹簧各圈间隙不少于 1.5mm；
⑥止挡栓不旷动，移位接触器与触头间隙为 1.5mm；
⑦道岔无反弹，调整力适当。</td></tr>
</table>

方法步骤	(5)擦拭、清扫、注油 ①擦拭自动开闭器接点时,使用150mm活口扳手卡住小拐时,将动接点扳出静接点后进行清扫和调整,擦拭电机整流子时,用食指持鹿皮压紧电机整流子面,推动擦一周后,再反向擦一周。 ②用破布或棉纱擦拭内部。 ③各部适当注油。 (6)试验 ①扳动中听有无过大噪声,并检查整流子不拉弧; ②试验2mm锁闭,4mm不锁闭; ③记录定反位动作电流、摩擦电流。 4. 加锁消点 试验良好后加锁消点。 5. 消记 室内值台人员向调度工区汇报检修工作完毕,由调度工区进行消点
工作安全	(1)室内防护人员要有车“三通告”; (2)检修完毕要认真复查,保证道岔密贴,螺栓紧固,开口销完好,机内无异物,并加锁良好

工 作 单

项目及配分		实训内容及评分标准	扣分	得分
操作技能	操作程序(20分,每漏一项扣3分)	1. 工具、小料准备齐全,检查工具、量具是否良好,必要工具缺一件扣2分		
		2. 在“行车设备检查登记簿”中登记,联系		
		3. 测试动作电流、动作电压		
		4. 测试定子电阻、转子电阻		
		5. 测试电机绝缘		
		6. 扳动试验		
		7. 关盖上锁		
		8. 消记。恢复设备使用		
	质量(30分)	1. 测试漏项,每项扣10分		
		2. 数据不准确,每个扣2分		
		3. 电机绝缘测试,未断开连线,扣10分		
		4. 不清楚技术标准(教师提问),扣10分		
		5. 记录不清楚,扣5分		
工具使用(20分)		1. 操作方法错误,纠正一次,扣5分		
		2. 损坏器材,扣10分		
		3. 损坏工具、仪表,扣5分		
安全及其他(10分)		1. 接到通知需要使用道岔,应立即将道岔恢复到原来位置,合好开闭器,关好机盖,收好工具,并避让到安全地点,未做到,酌情扣5~10分		
		2. 未按规定着装,扣3分		
		3. 作业在20min内完成,每超1min扣2分,超过5min停止实训		
自评(10分)		意见:		
互评(10分)		意见:		
合计(100分)				

思考练习

1. 说明道岔巡视内容。
2. 说明道岔检修内容。
3. 说明道岔整修内容。
4. 按检修作业程序和标准检修一组道岔。

任务二:ZD6 电动转辙机的测试与调整

任 务 单

<table>
<tr><td>项目名称</td><td>转辙机</td><td>任务名称</td><td>ZD6 电动转辙机的测试与调整</td></tr>
<tr><td>训练目的</td><td colspan="3">掌握 ZD6 电动转辙机的测试与调整方法</td></tr>
<tr><td>实验工具</td><td colspan="3">活口扳手(或管钳子)、螺丝刀、活口扳手、手锤、套筒扳手、手摇把、万用表、铁线</td></tr>
<tr><td>方法步骤</td><td colspan="3">1. 工作电流及摩擦电流的测试
将转辙机的遮断器打开,万用表置于直流 5A 挡,两表笔分别插在 05、06 上。操纵道岔,道岔动信过程中,万用表所指示的值为工作电流。在道岔第一连接杆处尖轨与基本轨之间夹入 4mm 铁板,道岔转不到底时,万用表所示的数值为摩擦电流(两只表笔应注意极性,并根据道岔转换方向,变换表笔)。也可从控制台上的电流表上测试。
2. 继电器交、直流电压的测试
交流电压的测试,用万用表交流 100V 挡测表示继电器的 1、4 线圈上电压。直流电压测试,用万用表直流 100V 挡在表示继电器的 1、4 线圈上测量。
3. 摩擦电流的调整
打开遮断器,将万用表置于直流 5A 挡,两表笔接 05、06 上,扳动道岔时,用 4mm 铁板夹于尖轨与基本轨之间(第一连接杆处),使电动转辙机空转。此时调整摩擦带上的弹簧螺母的松或紧即可调整摩擦电流的大小,紧时摩擦电流增大,松时减小,在拧动螺母而摩擦电流变化不大时,可用扳手轻轻敲击压力弹簧,摩擦电流即可调整。
4. 道岔的调整
道岔调整的程序:先密贴、后表示缺口;先伸出,后拉入(伸出、拉入指动作杆的状态)。调整前工务道岔开口必须合适,一般道岔开口在 142 ~ 152mm 之间,以保证密贴调整杆的空动距离不小于 5mm。
(1)尖轨密贴的调整
尖轨在转辙机的带动下到规定位置并完成机械锁闭后,必须与基本轨密贴并满足《技规》规定,其密贴调整是靠调整密贴整杆上的两个轴套来完成的。如图 1 所示密贴调整杆的示意图,为了叙述方便,规定靠近拉杆连接销一侧的轴套叫内轴套,靠丝扣外端的轴套叫外轴套。
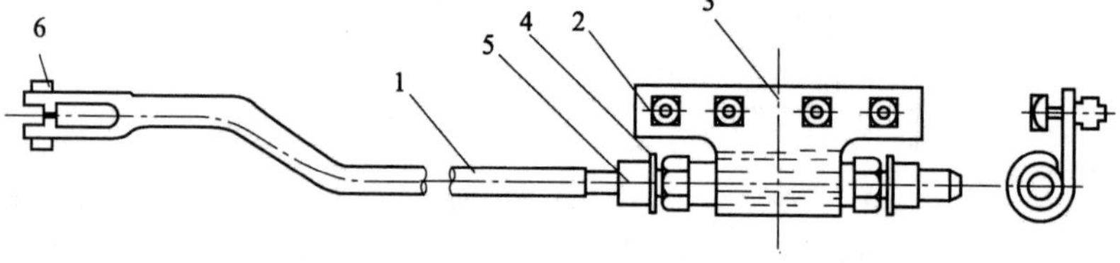

图 1 密贴调整杆
1-拉杆;2-轴套;3-杆架;4-挡环;5-螺母;6-连接销
当尖轨与基本轨不密贴时,可拧开螺母,退出挡环,旋动轴套,将轴套间隙缩小,当动作杆处于伸出位置时应调整内轴套,当动作杆在拉入位置时,则应调整外轴套。
当尖轨已经密贴而转辙机不能完成机械锁闭(锁闭圆弧不能进入削尖齿内)时,应将两轴套的间隙增大,当动作处于伸出位置时应调内轴套,动作杆在拉入位置时调外轴套。</td></tr>
</table>

方法步骤	转辙机动作杆动程与尖轨开程和密调杆空动距离三者有如下关系： 转辙机动作杆动程＝尖轨开程＋密调杆空动距离＋(销孔旷量＋杆类压力变形量) 密贴调整后要用厚4mm、宽20mm的试验板夹在尖轨与基本轨间(第一连接杆处)进行4mm不锁闭试验，使其满足《技规》规定，最后要紧固螺母，并加防松措施。 这里有一点值得注意，就是调整道岔密贴必须在转辙机机械未锁闭状态，换言之就是检查柱已落入表示杆缺口内的状态时，不能进行大动量和密贴调整。因为检查柱落入表示杆缺口内，表示杆与检查柱间只有3mm的相对位移间隙，表示杆动量超过3mm时，一个方向会使检查柱45°斜面，检查柱上升，断开表示点(相当于挤岔时)，而另一方向会使检查柱另侧的立面与表示杆缺口的立面相卡，表示杆给检查柱水平方向横向的力，造成检查杆弯曲，损坏自动开闭器。 (2)表示杆缺口调整 表示杆是用来检查道岔尖轨密贴的。 道岔密贴调整后，就要调整表示杆使检查柱落入其相应的缺口内，并满足《维规》两侧间隙为(1.5＋0.5)mm的标准。 根据表示杆后表示杆装在前表示杆上，前表示杆为直接与尖轨相联系的结构，在调整表示杆缺口时必须先调整表示杆伸出位置的缺口，后调整拉入位置时的缺口。 调整伸出位置缺口时，调整表示连接杆杆架在尖端杆上的位置：当间隙大于(1.5＋0.5)mm时，松开螺母向靠近转辙机一侧调杆架；当间隙小于(1.5＋0.5)mm时，松开螺母向外侧(不靠转辙机侧)调杆架，调整标准后紧固螺母，并加防松措施。 调整拉入位置缺口时，在伸出拉调标准后，道岔扳到拉入位置，松开前后表示杆的紧固螺母，旋转后表示杆尾部的调整螺母，当间隙过大时顺时针方向旋转，间隙过小时逆时针旋转，调标准后，要将前后表示杆的紧固螺母拧紧。 表示杆缺口必须是在尖轨与基本轨密贴后才能调整，且先调伸出位，后调拉入位，这个顺序是不能变的
工作安全	(1)使用手摇把时，须要调度命令； (2)检修完毕，要认真复查，保证道岔密贴，螺栓紧固，开口销完好，机内无异物，并加锁良好

工 作 单

项目及配分		实训内容及评分标准	扣分	得分
操作技能	操作程序(20分，每漏一项扣3分)	1. 工具、小料准备齐全，检查工具、量具是否良好。必要工具缺一件扣2分		
		2. 在“行车设备检查登记簿”中登记，联系		
		3. 测试摩擦电流、工作电流		
		4. 测试继电器电压		
		5. 摩擦电流调整		
		6. 调整尖轨密贴		
		7. 调整表示杆缺口		
		8. 消记，恢复设备使用		
	质量(30分)	1. 测试漏项，每项扣10分		
		2. 数据不准确，每个扣2分		
		3. 电机绝缘测试，未断开连线，扣10分		
		4. 不清楚技术标准(教师提问)，扣10分		
		5. 记录不清楚. 扣5分		
工具使用(20分)		1. 操作方法错误，纠正一次，扣5分		
		2. 损坏器材，扣10分		
		3. 损坏工具、仪表，扣5分		

项目及配分	实训内容及评分标准	扣分	得分
安全及其他 (10分)	1. 接到通知需要使用道岔,应立即将道岔恢复到原来位置,合好开闭器,关好机盖,收好工具,并避让到安全地点。未做到,酌情扣5~10分		
	2. 未按规定着装,扣3分		
	3. 作业在20min内完成,每超1min扣2分,超过5min停止实训		
自评(10分)	意见:		
互评(10分)	意见:		
合计(100分)			

项目四 计 轴 器

导入

轨道计轴器用以检测列车通过铁路上某一点(计轴点)的车轴数,以检查两个计轴点之间或轨道区段内的空间情况,或判定列车通过计轴点的时间,自动校正列车行驶里程等的设备。

19 世纪 60 年代,德国曾探索用计轴方式检测列车占用轨道区段的技术,但直到 20 世纪 50 年代中期,轨道计轴器才在联邦德国正式使用。此后,法国、匈牙利、南斯拉夫等国相继使用计轴器。

知识点 1 轨道计轴器的组成

在区间的两头各装有一套计轴设备,设备分室内、室外两部分,两站间用一对通信传输线路联系。计轴器由室内设备和室外设备组成。

室外:计轴点——轮轴传感器(磁头)、电子连接箱;

室内:计算部分——运算器、继电器等。

一、传感器

传感器是计轴器的基础设备,其作用是将机车、车辆通过的车轴数转换成电脉冲信号。早期使用的传感器一般是机械式,目前一般采用电磁式。电磁式传感器由磁头、发送器、接收器三部分组成。磁头有一个发送线圈和一个接收线圈分别装在钢轨的两侧。发送器向磁头的发送线圈馈送较高频率的电流,使其周围产生交变磁场,并通过空气、钢轨、扣件等不同介质环链到磁头的接收线圈,感应出一交流电压。车轴通过磁头时,车轮的屏蔽作用和轮缘的扩散作用,使环链到磁头的接收线圈的磁通量发生变化,并使感应电压显著降低。接收器将这个变化的感应电压转换成车轴电脉冲信号。工作流程如图 4-1 所示。

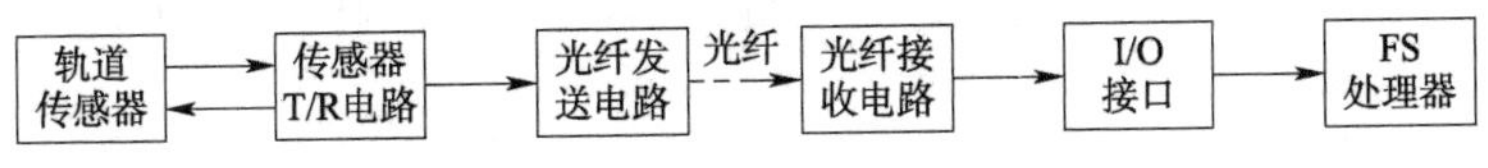

图 4-1 传感器工作流程

轮轴传感器:有 K1 和 K2 两组磁头,每组磁头又由 1 个发送磁头(TX)和 1 个接收磁头(RX)组成。发送磁头的信号来自电子连接盒的发送接收板。在接受磁头中感应出交流信号。该信号送到电子连接盒的发送接收板,输出一相应的直流电压。

二、电子连接盒

向轨道传感器的发送磁头发送频率为32.768kHz的一定功率的信号，以推动发送磁头产生交变磁场；将接收磁头中感应的信号电压经过选频、放大、滤波、整形、鉴相等预处理，再进行电—光转换由光缆送至室内计轴处理机处理（图4-2）。

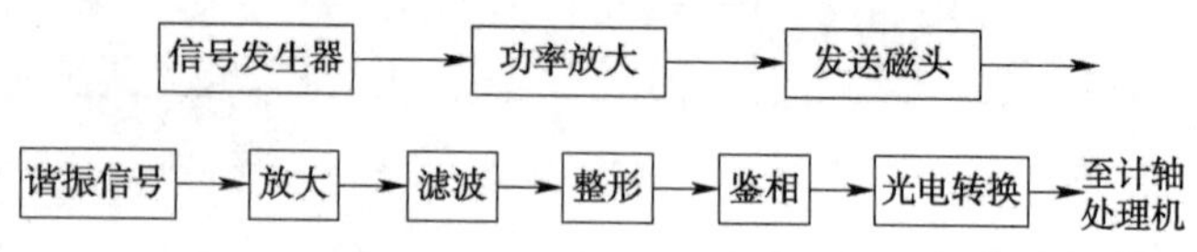

图4-2　轨道传感器工作原理

发送电路信号发生器是由32.768kHz晶体振荡器产生频率高度稳定的信号，经过集成功率放大器进行功率放大，由变压器 B_1 耦合以推动传感器发送磁头，变压器 B_1 的次级串联电容 C_1 和发送磁头TX线圈构成串联谐振电路。正常工作时，发送磁头两端发送电压有效值可达列25～50V。接收电路的输入端与接收磁头的线圈RX相连，RX线圈与 C_2、C_3 构成并联谐振。由于电容器分压的接入以及变压器 B_2 耦合，进行阻抗变换、匹配。B2次级接至由运算放大器构成的仪表放大器输入端，进行放大，经过有源带通滤波、整形，再由鉴相器与发送信号进行相位比较。鉴相后的信号送至电光转换电路，然后经光纤通道送至室内故障处理机处理。

三、室内光纤电路与故障安全计轴处理器

该部分电路将计轴点送来的预处理过的信号，经光电转换接收电路输出适合于TTL电路的逻辑电平，经过相应的电路处理后，送给故障安全计轴处理器计数、测速、故障监测等控制。如图4-3所示。

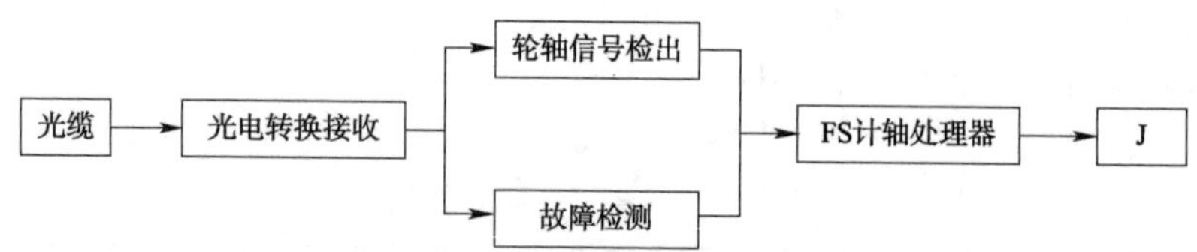

图4-3　室内光纤电路与故障安全计轴处理器工作原理

计轴处理器正常运行后，由故障监测电路担负着监测室外设备和传输光缆线路的故障。正常时由电子连接盒送出65.536kHz的监测信号给室内故障监测电路。一旦电子连接盒断电，或传感器出现故障，或光缆开路等，由故障监测电路向计轴处理器送一故障告派信号，由计轴处理器作相应处理。

当列车轮轴进入轨道传感器作用范围内，接收电路中轮轴信号检出电路就将轮轴信号检出，送给处理器进行判断、计轴、测速，计轴处理器同时向区间闭塞处理机发出相应的联络信号。

知识点2　计轴器的基本工作原理

在区间两端各设计轴设备，通过核对进入区间的轮对数与离开区间的轮对数来判定区间的状态，如果两数相等则表示区间空闲，否则表示区间有车占用。

计轴设备构成如图4-4所示，室外两组传感器安装在进站信号机内侧的钢轨上，其作用是采集信息和鉴别运行方向。

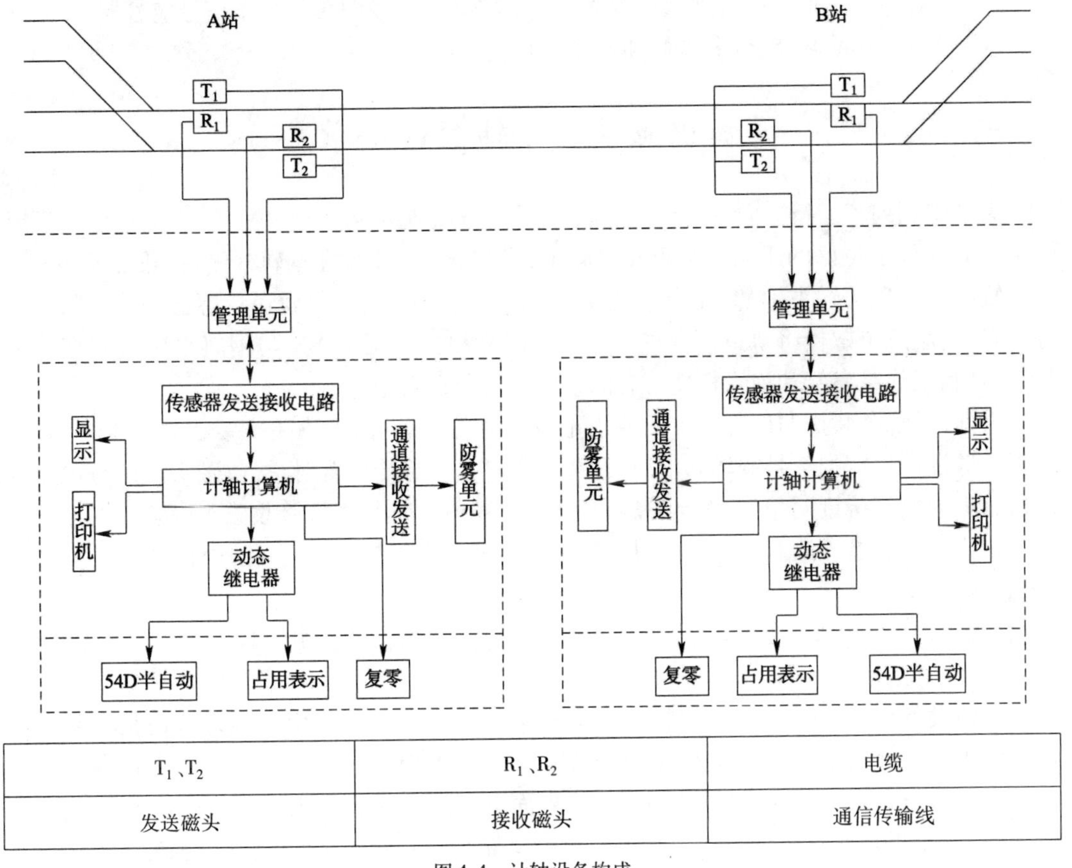

图4-4 计轴设备构成

计轴设备利用轨道传感器、计数器来记录和比较驶入和驶出轨道区段的轴数。以此确定轨道区段的占用或空闲，其工作原理是：当列车出发，车轮进入轨道传感器作用区时，计算机开始计轴，轮对经过传感器磁头时，向计算机传送轴脉冲，计算机开始计数，判定运行方向，确定对轴数是累加计数还是递减计数。系统规定，凡是进入防护区段的轮轴数进行加轴运算，凡是离去防护区段的轮轴进行递减运算。

知识点3 计轴器的功能

(1)计数列车轮轴经过轨道传感器的轴数和检测列车轮轴运行方向，这是计轴器应具备的基本功能。这里还需要考虑列车沿一个方向经过轨道传感器时，有可能停在轨道传感器上，过后，如果列车又沿同一方向继续运行，计轴器在原来所计轴数的基础上进行累加计数。如果列车沿相反方向运行，则计轴器在原计轴数的基础上进行累减计数。列车一旦压上轨道传感器，计轴器开始计轴，则使计轴继电器落下，以此表示区间占用。只有在轨道区段入口、出口计轴器所计轴数相减为零时，才能使计轴继电器吸起，以表示区间空闲。

(2)检测列车的第一个轮轴通过轨道传感器的速度，测速范围是5～250km/h。

(3)具有车速、轴数、列车运行方向和故障显示功能。

(4)具有与通道控制器通信的能力。将所计轴数传给两端车站闭塞机和闭塞分区另一端计轴器，并在车站闭塞显示屏上进行显示。

(5)具有与机车信号应答器通信的能力，将车速、轴数及时传给机车信号应答器。

(6)具有自诊断功能，以利维修和迅速恢复正常运行。

知识点4 计轴器的安装

为了鉴别列车运行方向，一个计轴点有两个发送磁头和两个接收磁头，它们按照出厂时已由安装部件定位好的距离并装置在轨腰上，发送磁头TX装在钢轨外侧，接收磁头RX装在钢轨内侧。发送磁头T_1、T_2和接收磁头R_1、R_2分别相互对应。轨道传感器采取轨腰打孔方式安装，用三个螺栓将轨道两侧的发送磁头TX和接收磁头RX与钢轨牢固地连接在一起，并且利用绝缘套管和绝缘板使所有的金属部件与钢轨绝缘。

根据钢轨截面，按照厂方给出的要求定位尺寸打安装孔，把磁头安装在轨腰上，向发送磁头发送设计规定的信号频率和电压，调节发送磁头于最佳位置时，接收磁头内感应电压与发送磁头的电压接近同相位，而当轮轴位于传感器磁头正上方时，接收磁头内感应的电压产生激活轨道传感器检测有无轮轴通过计轴点，正是利用了这一相位变化的特征。

知识点5 计轴器的故障分析

计轴设备经过长时间的发展之后，质量的安全性已经很高。但计轴设备还是经常会出现一些故障。计轴系统出现故障时，通常都会表现在和其相连的联锁系统的人机界面以及计算机监测信息当中。在发生故障时，人机界面上会出现以下信息：

(1)全部的联锁区域中的所有计轴轨道继电器在没有列车时落下，其表现是区段中没有列车，但还是显示红光带。

(2)一个或者几个计轴轨道继电器在没有列车时落下，其表现是相应区段列车已经出清，然而却显示为红光带。

(3)计轴区段受到干扰。

当发现上面一些问题时，要查看与其相应的轨道继电器的状态，对于一些常见的故障，我们给出了相应的处理流程。

当全部区段继电器在没有列车占用的情况下落下，通常会先判断是不是电源的问题。标准值是DC60V计轴主机电源，DC120V室外计轴点电源，DC24V为轨道继电器电源。可以在机柜A排端子输入电源，如果发现没有问题，那么就要检查计轴主机电源板和CPU板的工作状态。通过观察电源板、CPU板的面板指示灯检查工作状态，如果发生了故障，就要更换板卡，板卡不支持热插拔，一定要断电后进行操作。断电的时间一定要超过10s，然后才可以重新启动计轴主机。确保计轴区段没有列车。然后才可以把区段进行复位操作，让其恢复正常。

个别区段的继电器在没有列车占用的时候落下时，通常要先检查并口板上相应区段的指示灯。如果指示灯显示正确，那么TB-B端子排对应区段保险管有可能已经坏掉；如测量后确定保险管已经损坏，就要更换250mA的保险管。接着检查故障区段对应的计轴点的PDCU。如果红色的保险警报灯亮起，就意味着要更换PDCU保险，其标准是315mA。如果前面都没有发生故障，就需要对串口进行检查，如果显示不正常，灯位不亮，那就要更换串口板。串口板是支持热插拔的。继续检查并口板，如果显示不正常，那么就需要更换并口板，并口板也支持热插拔。到现在为止，如果故障还没有解决，有可能是室外计轴点的 EAK 以及计轴磁头有故障，就要检查模拟板以及评估板的指示灯，需要确定其已经插紧，如果还有问题，那么就要更换板卡。

计轴区段受到干扰并没有技术故障的情况下，需要对区段直接复位的话，首先在复位之前确定故障区间内没有列车占用。接着在并口板上按下复位按钮，同时扭动复位钥匙，有效时间是 0.5 ~6s。在直接复位以后，区间会立即空闲。如果操作不正确有可能会造成并口板锁闭，万一锁闭就要马上拔下并口板，10s 以后再插上，接着进行复位操作。

任务：车轮传感器的检修

任 务 单

<table>
<tr><td>项目名称</td><td>计轴器</td><td>任务名称</td><td>车轮传感器的检修</td></tr>
<tr><td>训练目的</td><td colspan="3">熟悉和掌握车轮传感器的工作原理，实际结构，基本特性及工作参数</td></tr>
<tr><td>任务原理</td><td colspan="3">磁脉冲式轮速传感器依靠信号转子与信号发生器之间间隙的不断变化产生高低不同的信号电压，电子控制模块据此来控制 ABS 电磁阀的动作</td></tr>
<tr><td>方法步骤</td><td colspan="3">1. 清洁传感器周边杂物、表面钢轨脱落的锈迹。不能使用钢刷类进行清洁。
2. 检查传感器紧固件是否有损、生锈和腐蚀情况。
3. 检查电缆终端盒配线是否有松脱、虚接情况。
4. 用测量规检查车轮传感器安装高度 X（安装高度：车轮传感器表面中心到钢轨轨顶面的距离），当安装高度 X <38mm 时，必须调整车轮传感器安装到另一对安装孔。
5. 用扭力扳手较紧车轮传感器固定力度，要求扭力为 55N/m。
6. 用万用表测量车轮传感器空闲、占用状态直流电压。测试点为在电缆终端盒，测量端子 1 与 2、3 与 4 线之间的直流电压。测试指标如下：
<table><tr><td>空闲</td><td>5.04 ~8.25V</td><td>传感器感应区域空闲</td></tr><tr><td>占用</td><td>8.45 ~9.953V</td><td>传感器感应区域有金属物占用</td></tr></table>7. 用检测仪、调整板、调整装置，检测及调整传感器感应单元 1 和 2 的感应高度 S，要求 S = 43.5mm（误差不超过 0.5mm）。
8. 用放大板模拟按钮 SIM 进行测试：
（1）当按下按钮 SIM1 时，对应区段输出板继电器 S 吸气，CL 空闲继电器落霞，空闲指示灯 CL 熄灭；CL 灯熄灭后，用放大板模拟按钮模拟计轴区段计入、计出，区段能够恢复空闲。
（2）当按下 SIM2 时，对应区段输出板继电器 S 吸起，CL 空闲继电器落下，空闲指示灯 CL 熄灭；CL 灯熄灭后，用放大板模拟按钮模拟计轴区段计入、计出，区段能够恢复空闲。
（3）完成测试后，必须对计轴系统复位，使系统输出空闲状态。如果测试中有任何一项失败，则需要更换放大板重新测试；若故障依然存在，则需要更换计轴板进行测试；故障还是不能排除，那么需要更换输出板，对发生故障的板卡返厂检修</td></tr>
<tr><td>思考题目</td><td colspan="3">车轮传感器具有哪些特点</td></tr>
</table>

工 作 单

<table>
<tr><th colspan="2">项目及配分</th><th>实训内容及评分标准</th><th>扣分因素及扣分</th><th>得分</th></tr>
<tr><td rowspan="12">操作技能</td><td rowspan="8">操作程序(20分,每漏一项扣3分)</td><td>1. 工具、小料准备齐全,检查工具、量具是否良好。必要工具缺一件扣1分</td><td></td><td></td></tr>
<tr><td>2. 检测电流表</td><td></td><td></td></tr>
<tr><td>3. 检查电阻盘</td><td></td><td></td></tr>
<tr><td>4. 万用表测量车轮传感器空闲、占用状态直流电压,并记录。</td><td></td><td></td></tr>
<tr><td>5. 检测传感器感应单元1和2的感应高度 S</td><td></td><td></td></tr>
<tr><td>6. 放大板模拟按钮SIM进行测试</td><td></td><td></td></tr>
<tr><td>7. 记录各项</td><td></td><td></td></tr>
<tr><td>8. 检修完毕,消记</td><td></td><td></td></tr>
<tr><td rowspan="4">质量(30分)</td><td>1. 漏检漏修(设备隐患),每处扣15分</td><td></td><td></td></tr>
<tr><td>2. 测试记录漏项,每项扣5分</td><td></td><td></td></tr>
<tr><td>3. 不清楚车轮传感器动作原理,扣10分</td><td></td><td></td></tr>
<tr><td>4. 记录不清楚,每处扣5分</td><td></td><td></td></tr>
<tr><td colspan="2" rowspan="3">工具使用(20分)</td><td>1. 操作方法错误,纠正一次,扣5分</td><td></td><td></td></tr>
<tr><td>2. 损坏器材,扣10分</td><td></td><td></td></tr>
<tr><td>3. 损坏工具、仪表,扣5分</td><td></td><td></td></tr>
<tr><td colspan="2" rowspan="3">安全及其他(10分)</td><td>1. 实验过程中出现跳闸、报警等安全问题,酌情扣5~10分</td><td></td><td></td></tr>
<tr><td>2. 未按规定着装,扣3分</td><td></td><td></td></tr>
<tr><td>3. 作业在20min内完成,每超1min扣2分,超过5min停止实训</td><td></td><td></td></tr>
<tr><td colspan="2">自评(10分)</td><td>意见:</td><td></td><td></td></tr>
<tr><td colspan="2">互评(10分)</td><td>意见:</td><td></td><td></td></tr>
<tr><td colspan="3">合计(100分)</td><td colspan="2"></td></tr>
</table>

项目五　轨道电路

导入

轨道电路是地铁信号系统的重要基础设备，它的性能直接影响行车安全和运输效率。轨道电路是利用钢轨线路和钢轨绝缘构成的电路。它用来监督线路的占用情况，以及将列车运行与信号显示等联系起来，即通过轨道电路向列车传递行车信息。

知识储备

对于城市轨道交通，轨道电路不仅用来检测列车是否占用，更重要的是要传输 ATP 信息。所以除车辆段内可采用 50Hz 相敏轨道电路外，正线需要采用音频轨道电路。为便于牵引电流流通，提高线路性能，方便维修，音频轨道电路是无绝缘的。音频轨道电路多采用数码调制方式，数码调制与模拟信号调制相似，也是用较高频率的正弦信号作为载波，但调制信号是数字基带信号。有数字振幅调制、数字频率调制、数字相位调制三种，但多采用高可靠性、多信息量的数字编码式音频轨道电路。

知识点 1　轨道电路简介

一、轨道电路基本原理

轨道电路是以铁路线路的两根钢轨作为导体，两端加以机械绝缘（或电气绝缘），接上送电和受电设备构成的电路。最简单的轨道电路如图 5-1 所示。

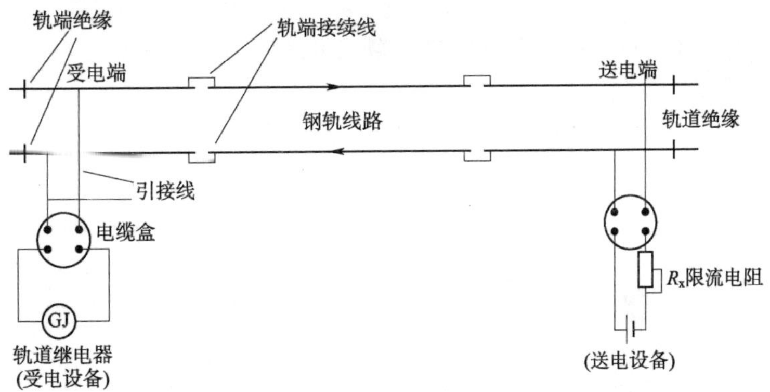

图 5-1　轨道电路

轨道电路的送电设备设在送电端，由轨道电源 E 和限流电阻 R_X 组成，限流电阻的作用是保护电源不致因过负荷而损坏，同时保证列车占用轨道电路时，轨道继电器可靠落下。接收设备设在受电端,一般采用继电器,称为轨道继电器,由它来接收轨道电路的信号电流。

送、受电设备一般放在轨道旁的变压器箱或电缆盒内,轨道继电器设在信号楼内。送、受电设备由引接线(钢丝绳)直接接向钢轨或通过电缆过轨后由引接线接向钢轨。

钢轨是轨道电路的导体,为减小钢轨接头的接触电阻,增设了轨端接续线。

钢轨绝缘是为分隔相邻轨道电路而装设的。

两绝缘节之间的钢轨线路,称为轨道电路的长度。

当轨道电路内钢轨完整,且没有列车占用时,轨道继电器吸起,表示轨道电路空闲。轨道电路被列车占用时,它被列车轮对分路,轮对电阻远小于轨道继电器线圈电阻,流经轨道继电器的电流大大减小,轨道继电器落下,表示轨道电路被占用。

二、轨道电路的作用

(1)监督列车的占用,反映线路的空闲状况,为开放信号、建立进路或构成闭塞提供依据。

(2)传递行车信息,如移频自动闭塞利用轨道电路传递不同的频率信息来反映列车的位置,决定通过信号机的显示或决定列车运行的目标速度,从而控制列车运行。

三、轨道电路分类

(1)按动作电源分:直流轨道电路(已经淘汰)、交流轨道电路(低频 300Hz 以下,音频 300 ~ 3000Hz,高频 10 ~ 40kHz)。

(2)按工作方式分:开路式、闭路式(广泛使用)。

(3)按传送的电流特性分:连续式、脉冲式、计数电码式、频率电码式、数字编码式。

(4)按分割方式分:有绝缘轨道电路、无绝缘轨道电路(电气隔离式、自然衰耗式、强制衰耗式)。

(5)按所处的位置分:站内轨道电路、区间轨道电路。

(6)按轨道电路内有无道岔分:无岔轨道电路、道岔轨道电路。

(7)按适用的区段分:电化区段、非电化区段。

(8)按通道分:双轨条、单轨条。

四、轨道电路的三种工作状态

(1)调整状态:或称为正常工作状态,即在轨道电路空闲,设备完好的状态。此时,轨道继电器衔铁应当可靠地吸起。

(2)分路状态:即轨道电路在任一点被列车占有的状态。此时,轨道继电器衔铁应当可靠地落下。

(3)断轨状态:即轨道电路的钢轨在某处断开时的状态。此时,轨道继电器衔铁应当可靠地落下。

轨道电路在这三种状态下工作,主要会受三个变量参数影响:轨道电路的道砟电阻、钢轨阻抗、电源电压。

1. 轨道电路的调整状态

轨道电路的调整状态,就是轨道电路完整和空闲,接收设备(如轨道继电器)正常工作时的状态。

在调整状态,对轨道继电器来说,它从钢轨上接收到的电流越大,它的工作就越可靠。

但这个电流值将随着道砟电阻、钢轨阻抗、发送电压的变化而变化。调整状态的最不利条件是:发送电压最低、钢轨阻抗最大、道砟电阻最小,同时轨道电路长度为极限长度。在最不利条件下,轨道电路接受设备应能可靠工作,反映轨道电路的空闲状态。

2. 轨道电路的分路状态

轨道电路的分路状态,就是当轨道电路区段有车占用时,接收设备(如轨道继电器)应被分路而停止工作的状态。

当列车占用轨道时,它的轮对在两轨之间形成的电阻,按一般电路的分析,可看成是短路作用。但轨道电路是低电阻电路,所以列车占用时,只能看成两钢轨间跨接的一个分路电阻,故称分路状态。

分路状态的最不利条件是:发送电压最高、钢轨阻抗最小、道床电阻最大、列车分路电阻也最大(车轻、轮对少、车轮与钢轨接触面不洁)。在分路状态的最不利条件下,轨道电路接受设备应能可靠的停止工作,反映轨道电路区段有车占用。

3. 轨道电路的断轨状态

轨道电路的断轨状态,是指轨道电路的钢轨在某处折断时的情况,此时钢轨虽已折断,但轨道电路认可通过大地构成回路,接收设备中还会有一定值的电流流过。为了确保安全,断轨时,接收设备应不能工作。

断轨状态的最不利条件是,断轨时轨道电路的参数变化使轨道接收设备中获得最大电流。它除了与钢轨阻抗模值最小、发送电压最大有关外,与断轨地点和道砟电阻的大小也有一定的影响。其中有一个使接收设备中电流最大的最不利数值——临界断轨地点和临界道砟电阻。

五、对轨道电路的基本要求

(1)当轨道电路空闲且设备良好时轨道继电器衔铁应可靠吸起。

(2)轨道电路在任意点被列车占用时,即使只有一个轮对进入轨道电路,轨道继电器应立即释放衔铁。

(3)当轨道电路不完整时,断轨、断线或绝缘破损,轨道继电器应立即释放衔铁,并关闭信号。

(4)对某些轨道电路,还应实现由轨道向机车传递信息的要求。

六、轨道电路分路的几个术语

1. 列车分路电阻

列车占用轨道电路时,轮对跨在两根钢轨上形成的电阻,称为列车分路电阻。它由车轮和车轴本身的电阻,以及轮缘与钢轨顶部的接触电阻组成。由于轮缘与钢轨的接触面很小,因此车轮和车轴的电阻比接触电阻小得多,可忽略不计。所以列车分路电阻,实际上就是轮缘与钢轨的接触电阻。列车分路电阻的大小与钢轨上分路的车轴数、车辆的载重情况、列车的运行状态、轮缘的装配质量和磨损程度、钢轨顶部的洁净程度等因素有关。它的变化范围很大,从千分之几欧到0.06Ω。

2. 分路效应

由于列车分路使轨道电路接受设备中电流减小,并处于不工作状态,称为有分路效应。在分路状态最不利条件下,有列车分路时,对于连续式轨道电路,要保证轨道继电器的端电压不大于它的可靠释放值;对于脉冲式轨道电路,要保证轨道继电器的端电压不大于它的可靠不吸起值。分路效应在很大程度上决定了轨道电路的质量。

3. 分路灵敏度

指在轨道电路的钢轨上，用一电阻在某点对轨道电路分路，若恰好能使轨道继电器线圈中的电流减小到释放值（脉冲式轨道电路为不吸起值），则这个分路电阻值就叫作该点的分路灵敏度。轨道上各点的分路灵敏度不一样。分路灵敏度用电阻值（Ω）来表示。

4. 极限分路灵敏度

对某轨道电路来说，各点的分路灵敏度中的最小值，就是该轨道电路的极限分路灵敏度。

5. 标准分路灵敏度

标准分路灵敏度是衡量轨道电路分路效应优劣的标准。规定一般的轨道电路标准分路灵敏度为 0.06Ω。对于一轨道电路，在分路状态最不利的条件下，用 0.06Ω 的标准电阻线，在任何地点分路时轨道电路的接收设备必须停止工作，该轨道电路的分路效应才符合标准。

6. 死区段

有绝缘轨道电路的两组轨道绝缘，因故不能设在同一坐标点，而需要错开安装。这两组绝缘间的区段就是“死区段”，“死区段”的长度规定不大于 2.5m。

7. 超限绝缘

有绝缘轨道电路在道岔区段，因线路布置关系，轨道绝缘安装在警冲标内方小于 3.5m 处的位置称作“超限绝缘”。

知识点 2　50Hz 相敏轨道电路

用于城市轨道交通的交流工频轨道电路有 50Hz 相敏轨道电路（包括继电式和微电子式）、PF 轨道电路。它们只有监督列车占用的功能，不能传输其他信息。

一、50Hz 相敏轨道电路的组成

50Hz 相敏轨道电路的组成如图 5-2 所示。它由送电端、受电端、钢轨绝缘、钢轨引接线、钢轨接续线、回流线以及钢轨组成。

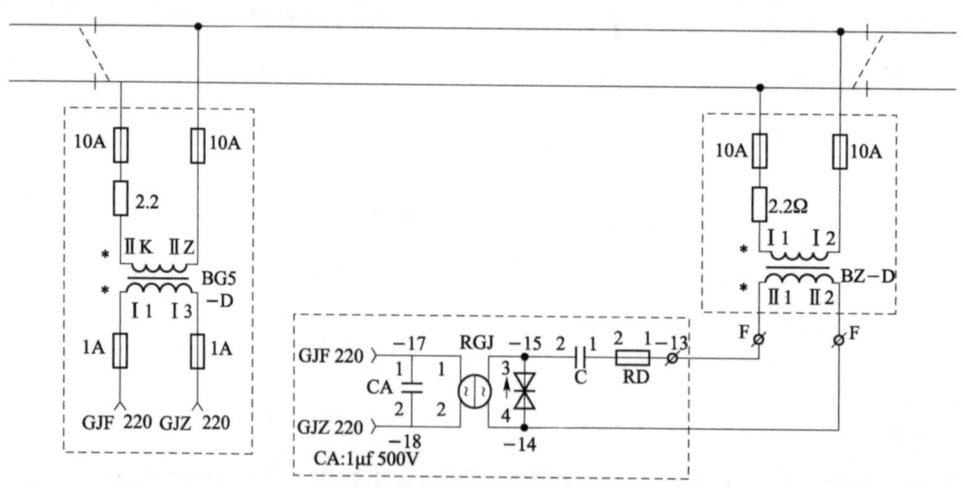

图 5-2　50Hz 相敏轨道电路

送电端包括 BG5-D 型轨道变压器、R-2.2/220 型变阻器以及断路器（或熔断器），安装在室外的变压器箱内。轨道电源从室内通过电缆送至送电端。

受电端包括 BZ-D 型中继变压器、R-2.2/220 型变阻器、断路器(或熔断器)、轨道继电器、电容器、防雷元件等。其中中继变压器、变阻器及 10A 断路器(或熔断器) 安装在室外的变压器箱或电缆盒内,其他安装在室内的组合架上。送、受电端视相邻轨道电路的不同组合,有双送、一送一受、双受以及单送、单受等不同情况,除双受、单受可采用电缆盒外,其他情况必须采用变压器箱。

变压器箱或电缆盒用钢轨引接线接向钢轨。

钢轨接续线用来连接相邻钢轨,以减小钢轨接头处的接触电阻。

钢轨绝缘设于轨道电路分界处,用以隔离相邻的轨道电路。

回流线连接相邻的不同侧钢轨,为牵引回流提供越过钢轨绝缘节的通路。

二、50Hz 相敏轨道电路的工作原理

电源屏分别供出 50Hz 轨道电源和局部电源。送电端轨道电源 GJZ220、GJF220 经轨道变压器降压后送至钢轨。当轨道线圈和局部线圈电源满足规定的相位和频率要求时,GJ 吸起,轨道电路处于调整状态,表示轨道电路空闲。列车占用时,轨道电源被分路,GJ 落下。若频率、相位不符合要求时,GJ 也落下。(当 ϕJ 超前 ϕG90°时,在翼板上得到正方向转矩,接通前接点;而当 ϕJ 滞后 ϕG90°时,则在翼板上得到反方向转矩,使后接点更加闭合。)

由于 50Hz 相敏轨道电路具有相位鉴别能力,即相敏特性,故抗干扰性能较高。

三、技术参数要求

(1)50Hz 相敏轨道电路的工作电源为直流 24V。

(2)50Hz 相敏轨道电路接收器具有可靠的绝缘破损防护能力。

(3)50Hz 相敏轨道电路接收器轨道输入信号与局部电源的理想相位为 0°,最大允许偏差为 80°。接收器的返还系数大于 90%,应变时间小于 0.5s,设备电源采用直流 24V。最后执行继电器为 JWXC1-1700 安全型继电器。

(4)在轨道电路分路不利所处的轨面上,使用 0.15 标准分路电阻线分路时,轨道继电器的交流端电压不大于 7.5V,继电器应可靠落下。

知识点 3　FTGS-917 型轨道电路

一、FTGS 轨道电路的硬件结构

FTGS 意为德国西门子公司的遥供音频无绝缘轨道电路。

其中:F——远程供电;G——轨道电路;T——音频;S——西门子公司。

它广泛应用于世界各地的正线铁路和城市轨道。FTGS 轨道电路分两种型号:

(1)FTGS-46 型,使用 4 种频率(4.75kHz、5.25kHz、5.75kHz、6.25kHz);

(2)FTGS-917 型,使用 8 种频率(9.5kHz,10.5kHz,11.5kHz,12.5kHz,13.5kHz,14.5kHz,15.5kHz,16.5kHz)。

南京地铁、广州地铁均采用的为 FTGS-917 型。

FTGS-917 型轨道电路与国内的轨道电路作用基本相同:把轨道线路分割为多个区段,检查和监督这些轨道区段是否空闲,并将空闲/占用信息传给联锁系统。它还有一个特殊功

能就是:传送 ATP(自动列车保护系统)产生的报文信息到列车上。

FTGS-917 型轨道电路与国内的轨道电路最大的区别就是:实现的方式不同。国内的轨道电路是采用机械绝缘节来划分区段,而 FTGS 是使用电气绝缘节来划分区段的,为了防止相邻区段之间串频,使用了不同中心频率和不同位模式进行区分。对于某一轨道区段来说,只有收到与本区段相同的频率与位模式的信息才被响应。

轨道电路的硬件结构分为室内设备和室外设备,以下为各部分的详细介绍(图 5-3)。

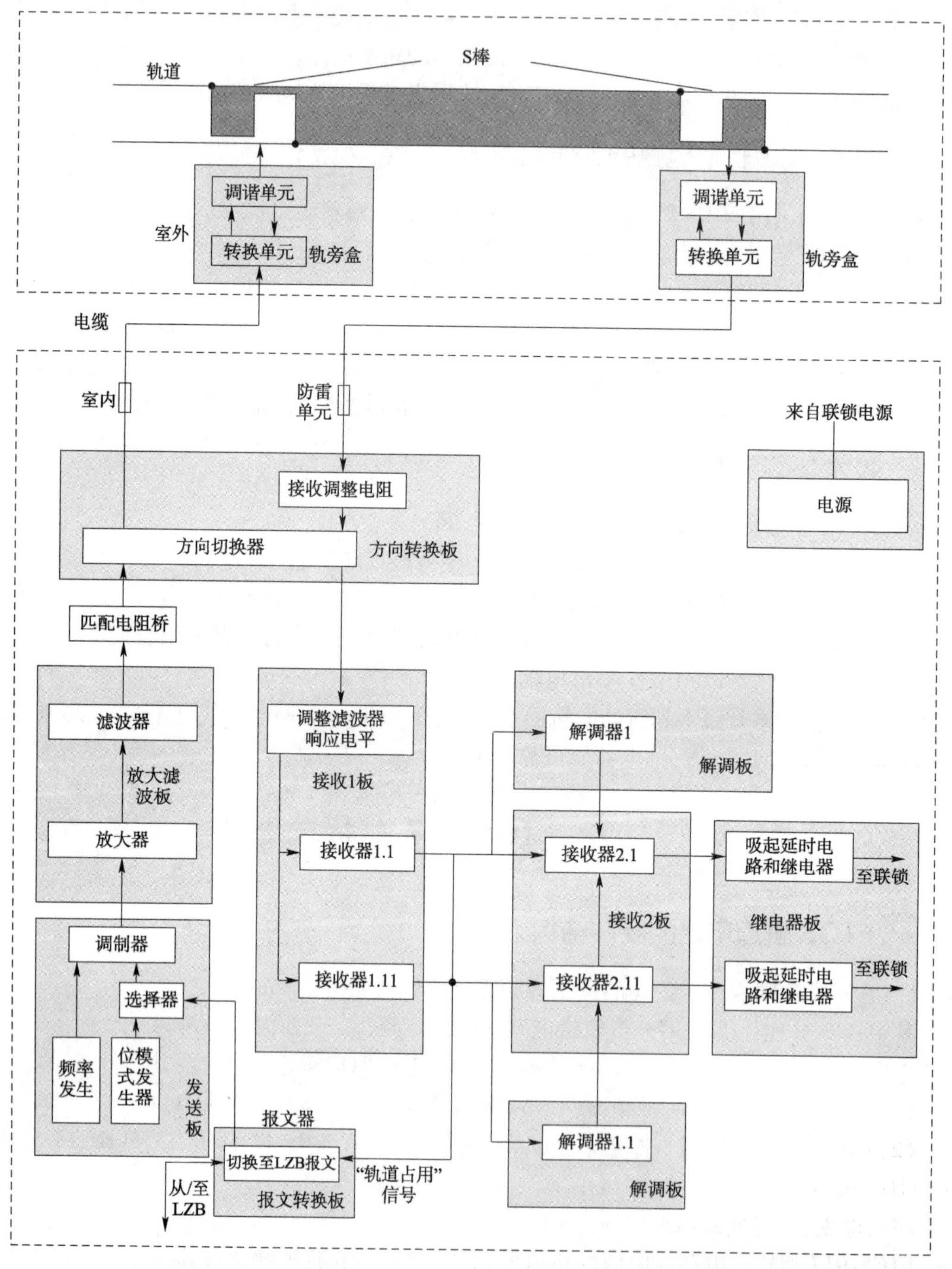

图 5-3　FTGS 标准型轨道电路结构

1. 室外设备

(1)电气节

电气节,即电气绝缘节,它区别于一般的机械绝缘节,是划分 FTGS 轨道区段的重要设备。它由短路棒和轨旁盒内的调谐单元共同组成。除道岔本身和终端棒必须采用机械绝缘节外,其他轨道电路都采用电气绝缘分割。电气绝缘节主要有以下几种:

①S 棒。大多数的轨道区段(主要是正线区间的轨道电路)采用了 S 棒电气节,它是镜像对称的。以 S 棒的中心线作为轨道区段的物理划分。S 棒长度为 7.8m 左右,模糊区段长度≤3.9m(这里所谓的模糊区段是指当车压 S 棒的 1/4 处至 3/4 处时,该 S 棒左右两边的区段都允许显示占用,无法精确判断列车占用的区段),如图 5-4 所示。

②短路棒。该电气节用于一端为轨道电路区段,而另一端为非轨道电路区段的情况。该棒长度约为 4.2m。如图 5-5 所示。

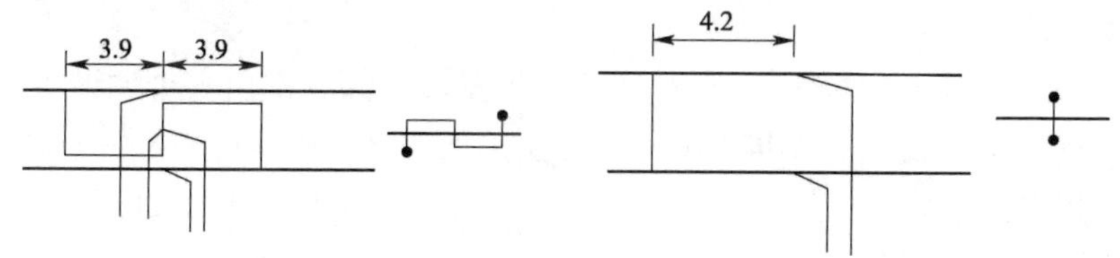

图 5-4　棒示意图(尺寸单位:m)　　图 5-5　短路棒示意图(尺寸单位:m)

③终端棒。该电气节由终端短路棒和一个机械绝缘节共同组成。它主要应用在双轨条牵引回流区段。棒长约 3.5m,距机械绝缘节 0.3 ~0.6m。如图 5-6 所示。

④M 棒。使用于中间馈电式轨道电路的中央。如图 5-7 所示。

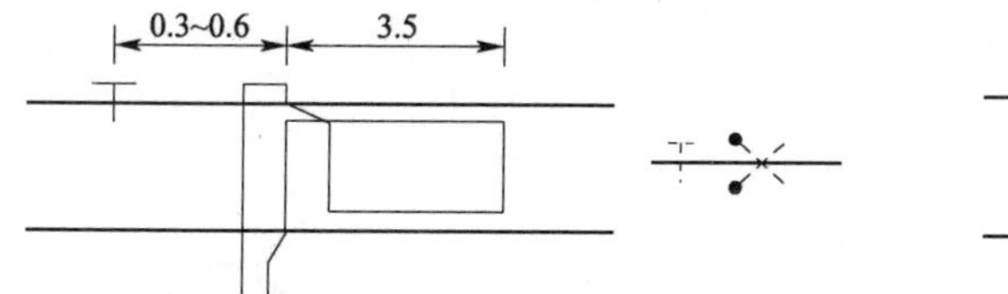

图 5-6　终端棒示意图(尺寸单位:m)

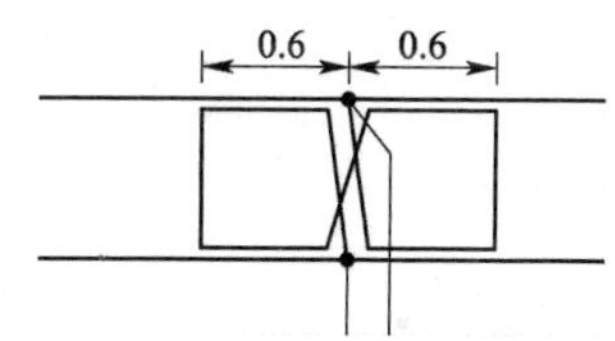

图 5-7　M 棒示意图(尺寸单位:m)

(2)电气绝缘节原理

以南京地铁一号线为例,相邻两个轨道区段之间采用 S 棒、短路棒、M 棒和终端棒四种电气绝缘节分割。下面以 S 棒为例说一下电气绝缘节原理:

接收器的谐振回路由电容 C_1(调谐单元上电路的等效电容)、钢轨区段 ab 和电缆 am 等组成,发送器的谐振回路由电容 C_2、钢轨区段 cd 和电缆 dm 等组成(图 5-8)。

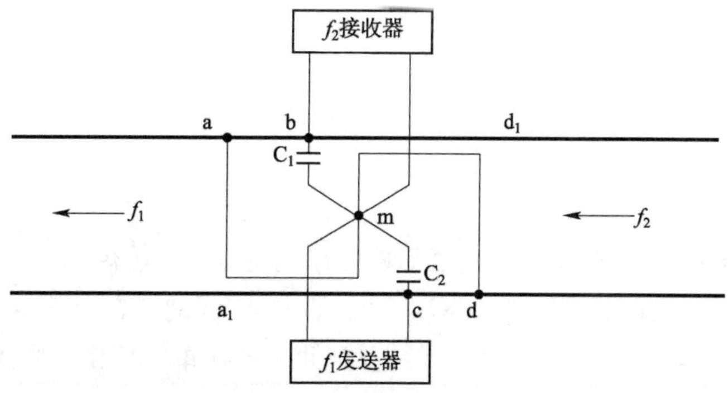

图 5-8　S 棒电器绝缘原理图

在正常状态下，钢轨 ab 的电感、电缆 am 的电感以及它们之间的互感与电容 C_1 构成并联谐振（利用调谐单元可以将其调到谐振点），因此电容 C_1 两端呈现高阻抗，与电容 C_1 两端 d_1d 轨间有较高的电压，接收到从右端输入的载频信号。钢轨 cd 的电感、电缆 dm 的电感以及它们之间的互感与电容 C_2 构成并联谐振，因此电容 C_2 两端呈现高阻抗，与电容 C_2 两端 a_1a 轨间有较高的 f_1 电压，此电压可以向左传输。

S 棒长度为 7.8m 左右，其中 S 棒的 1/4 ~ 3/4 处（约 3.9m）为分路感应的模糊区段，在此区段内有车占用左右两边的区段都允许显示占用，而无法精确判断列车占用的区段。

（3）轨旁盒

轨旁盒是连接电气节与室内设备的中间设备，是轨道电路室外的发送、接收设备。每个轨旁盒有一根电缆与室内设备连接，有四根电缆与电气节相连，另有一根地线。轨旁盒主要有两种不同的结构：一种是 S 棒结构；另一种是双轨条牵引回流区段的终端棒结构。这里主要讨论 S 棒结构的轨旁盒。

轨旁盒内一般可分为左右两部分，对称结构布置。每部分都由一个调谐单元（S 棒和调整短路棒使用的调谐单元型号不同）和一个转换单元组成；一部分作为一个区段的发送端时，则另一部分作为相邻另一个区段的接收端。每一部分的调谐单元接电气节，转换单元接室内设备。

（4）转换单元（图 5-9）

带防雷功能的转换模块，根据 XK_1、XK_2 端的电压及频率决定调谐单元是接收模式还是发送模式。其判断依据为 XK_1、XK_2 端电压的高低，高为发送模式，低则为接收模式。

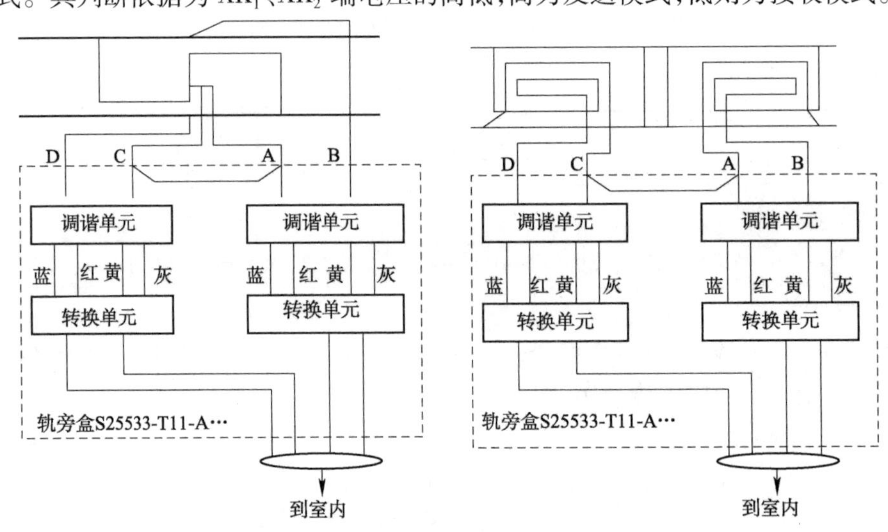

图 5-9　室内外转换单元

在继电器 K_1、K_2 释放状态下，XK_5、XK_6 端的电压通过电阻 R_1 传到 XK_1、XK_2 端，模块处于接收模式下。

当馈送一个发送电压到 XK_1、XK_2 端，此电压经过变压器 T_1 送到电压比较器 D_1、D_2（为了安全，采取双通道设计），如果两个通道都检测出高电压，继电器 K_1、K_2 吸起，并点亮 V_9、V_{10}。继电器 K_1、K_2 的吸起断开了通往 XK_5、XK_6 的电路，同时也断开了通往变压器 T_1 的电路，而接通经过变压器 T_2，通向 XK_3、XK_4 的电路，此时转换单元切换为发送模式。虽然通往变压器 T_1 的电路已断开，但流过变压器 T_2 的电流继续为比较器和继电器供电，使继电器保持吸起状态、保持发送模式。

为了准确地发送信号，发送信号要经过三路窄频带通滤波器后进行幅值的检查。当发送信息不正确或切换为接收端，此时通过滤波器后的电压不足以驱动继电器的吸起，继电器落下，同时断开通向 XK_3、XK_4 的电路，接通通往 XK_5、XK_6 的电路，此时切换为接收模式。

转换单元只用于普通型和道岔型轨道电路上。

不同频率对应不同的转换单元。

(5)调谐单元(图 5-10)

调谐单元的次级电路阻抗特性呈容性，调节调谐单元上的可调电感器，可以改变调谐单元的电容值，使绝缘棒与调谐单元调谐部分达到谐振点，使发到轨面上的电压最高，接收到的相应频率电压最高。

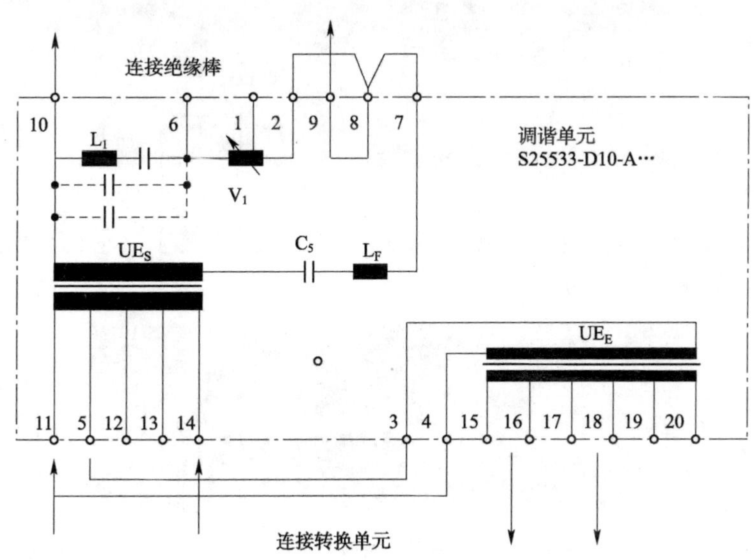

图 5-10　连接转换单元

调谐单元上的 11、14 端子与转换单元上 XK_3、XK_4 端子相连接，其中 11 端接蓝线，14 端子接红线。15 ~ 20 端子其中两个与转换单元上 XK_5、XK_6 端相连，其中一个端子接灰线，另一个端子接黄线，选择不同的端子可以选择变压器 UEE 不同抽头，调整引入室内的电压值。

调谐单元型号是由当前区段的频率和相邻区段的频率来决定的。

(6)防雷板

使用在中间馈电式轨道电路中，它连接室内设备与调谐单元，保护设备瞬间的电压冲击而损坏。

2. 室内设备

(1)组合框架

室内设备由 FTGS 组合框架构成。每个组合框架有正反两面，每面可分为 A、B、C、D、E、F、G、H、J、K、L、M、N 共 13 层。其中：

①正面。

A ~ K 层：轨道电路标准框架层，每一层代表一个轨道区段。每层都与 L 层的一块方向转换板相对应：A 层轨道电路与左数第一块方向转换板相对应；B 层轨道电路与左数第二块方向转换板相对应。

L 层:方向转换板框架层。

M 层:24V 电源层及保险层。

N 层:230V 电源入线、各轨道电路电源分线排。

②反面。

A ~ K 层:轨道电路电源模块层,每个电源模块输出 12V 和 5V 直流电供给两个区段使用。

L 层:电缆补偿电阻设置层。

M 层:信息输入、输出层。

轨道电路标准框架分三种结构:FTGS917 的标准型、道岔型和中间馈电型结构。

①标准型。如图 5-11 所示。

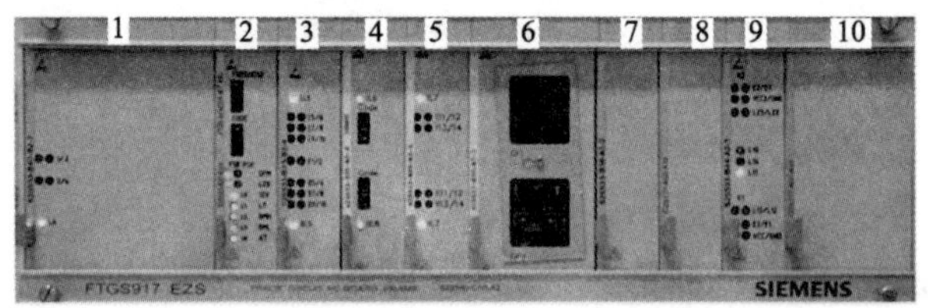

图 5-11　标准型示意图

1-放大滤波板;2-发送板;3-接收 1 板;4-解调板;5-接收 2 板;6-继电器板;7-代码板;8-空;9-报文转换板;10-空

②道岔型。如图 5-12 所示。

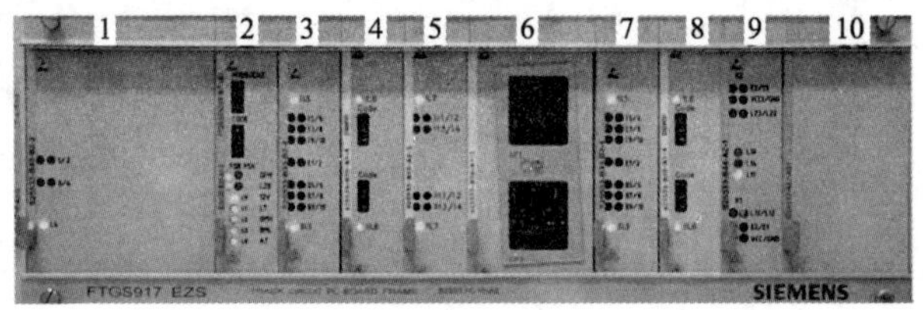

图 5-12　道岔型示意图

1-放大滤波板;2-发送板;3-接收 1 板;4-解调板;5-接收 2 板;6-继电器板;7-接收 1 板;8-解调板;9-报文转换板;10-空

道岔型与标准型不同之处在于多了一块接收 1 板和一块解调板,这是因为道岔型是一送二受的缘故。

(1)并不是所有的道岔区段都采用道岔型(只有少数采用)。

(2)在特殊情况下,道岔型可向标准型转换,即将道岔型中的"7"板和"8"板拔出,将标准型中的"7"板拔出再插入到道岔型中的"7"处即可。

③中间馈电型。如图 5-13 所示。

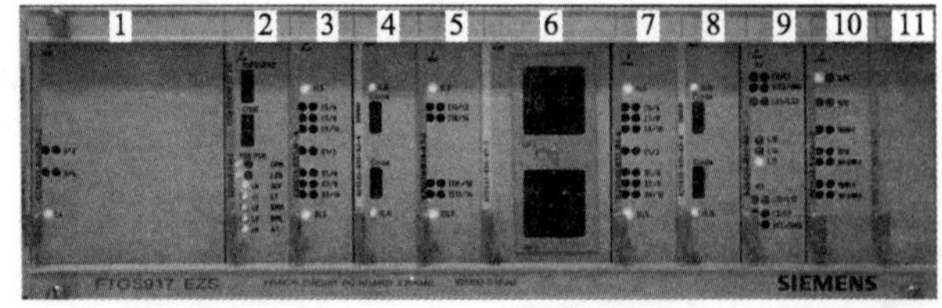

图 5-13　中间馈电型示意图

1-放大滤波板;2-发送板;3-接收 1 板;4-解调板;5-接收 2 板;6-继电器板;7-接收 1 板;8-解调板;9-报文转换板;10-中间馈电转换板;11-空

(2)组合单元描述

①发送板。如图 5-14 所示。

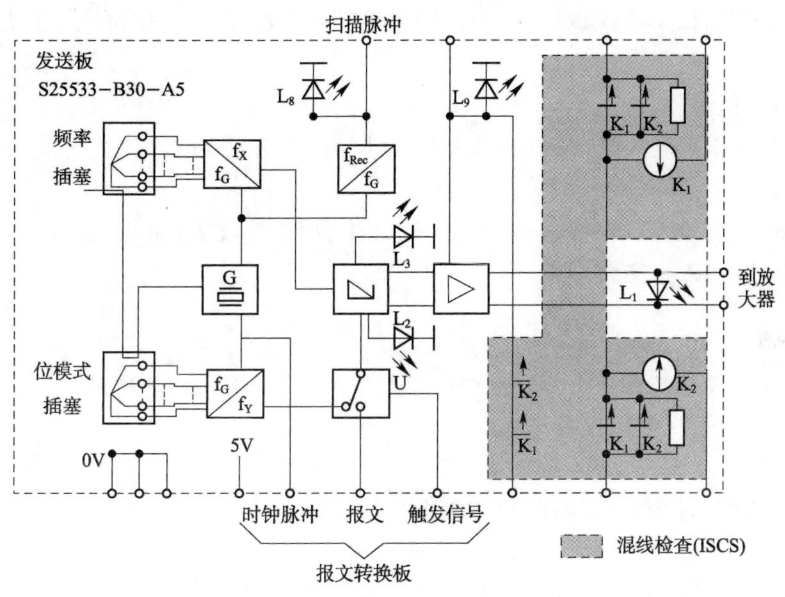

图 5-14　发送板

发送板由一个带调制器的石英晶体振荡器(简称:晶振,频率为 16.336MHz)组成,从这里产生:通过一个可变频的数字分频产生 9.5～16.5kHz 音频电压。

数字分频器由一个计数器和一个预置了数据的存储芯片组成。通过不同频率插塞设置不同地址,从存储芯片就会输出相应地址的数据,计算器根据数据把晶振频率降低到相应频率。

发送板上另一个插塞——位模式插塞,与另一个存储芯片相连,提取出位模式编码的"并行"编码,然后转为"串行"编码,用此串行位模式编码对轨道电路音频电压进行调制,产生移频键控信号(FSK),并送至放大滤波板输入端。

在串行位模式编码进行调制前要经过一个选择开关,此开关是由报文转换板控制的:当轨道"空闲"时,开关接通位模式编码,向放大滤波板输出调制后位模式;当轨道"占用"时,由报文转换板提供一个触发脉冲,转换器截止了位模式的输出,切换为输出 ATP 报文。ATP 报文同样会对轨道电路音频电压进行频率调制,再输出。

发送板上还有一个 1000 倍分频,把晶振频率降为 16.336kHz 的扫描脉冲,作为接收 2 板的驱动脉冲。指示灯 L_8 指示此电路工作正常。

为提高 FTGS 的可靠性,发送板上装有电压检测电路,如果工作电压低于预定值时,位模式取反,解调板不能解调出正确的位模式编码,轨道继电器落下,发出轨道"占用"信号;若电压恢复正常,只要设备没故障,而且此时轨道确实没"占用",轨道继电器吸起,发出轨道"空闲"信号。

发送板上有 3 组跳线,不允许改变其状态:

a. J1(GFM):断开。

b. J2(LZB):断开。

c. J5:断开。

发送板输入信息：

a. 报文：由报文转换板送入，当占用时，报文经调制后由轨道电路送上列车。

b. 触发信号：由报文转换板送入，当占用时，向发送板发出“占用”信号，驱使转换开关切换为发送报文。

发送板输出信息：

a. FSK 信号：送入放大滤波板，经调制的 FSK 信号（方波）送入放大滤波板进行放大和滤去高次谐波。

b. 扫描脉冲：送入接收 2 板，频率为 16.336kHz，用作接收 2 板的驱动。

c. 时钟脉冲：送入报文转换板。

FTGS 的 8 个频率只需一个标准组件（位模式和发送频率由插件决定），在发送板上可看见对应轨道区段的发送频率及位模式。

②放大滤波板。

放大滤波板把发送器过来的调制音频电压提升到所需的电平，并通过带通滤波器送到轨道馈入点，每种频率都有自己专用的放大滤波板。

放大滤波板上的放大器设计为带变压器退耦的推挽放大器，由发送板的输出信号（方波）驱动，输出经放大后的信号（方波）。方波被馈送到发送滤波器，变成正弦波经电缆匹配电阻输送到方向转换板。

发送滤波器有以下特点：

只把输入信号中的方波的基波（与方波频率相同的正弦波）送入发送电缆之中，并抑制所有高次谐波，以免对轨道中及轨旁的其他系统造成干扰。

当工作频率发生波动时，滤波器会降低输出电平。

发送滤波器输入信息：

FSK 信号：由发送板送入，经调制的 FSK 方波信号。

发送滤波器输出信息：

FSK 正弦波信号：经过电桥，送入方向转换板，此信号是已经放大和滤去高次谐波的相应频率的正弦波。

③接收 1 板。

接收 1 板用来检测轨道电路频率及电压幅值。

把从轨道上接收回来的信号分为两个通道，并分别进行频率及电压幅值的检测。在轨道空闲时送一个 14.8V 控制电压给接收 2 板，同时把经放大和调频的振荡信号送给解调器；当轨道占用时送一个“占用”信息给报文转换板。

该板对应于每一个运行方向以及轨道电路的长度和电气节的类型设定了响应值，使得对应每一个频率有相应的接收 1 板。

④解调板。

解调板设计为双通道，用于检测接收到音频信号的频率及解调出位模式编码。它由接收 1 板驱动，当轨道电路被占用时，解调器的驱动被切断；当轨道空闲时，解调板将接收到的位模式与内部参考位模式（由代码插件决定）进行比较，一致时，输出低电平给接收 2 板。

由于解调器不记录信号频率，它只判别信号是上边频还是下边频，所以对总共 8 个频率和 15 个位模式只需一个标准型解调器组件。

⑤接收 2 板。

接收 2 板设计为双通道,它将接收 1 板的输出信号和解调板进行位模式检查后产生的 TTL 电平进行动态“AND”运算,如果接收 1 板输出为 14.8V 的电压且解调板输出低电平,则发送板输出的 16.336kHz 驱动脉冲可以通过接收 2 板上的安全触发电路,并将此脉冲放大到 16V,输出到继电器板。

⑥继电器板。

继电器板为双通道,每个通道有一个 K50 型缓吸缓放继电器,两通道是一样的,联锁定时检查开关状态,两组继电器的开关状态必须一致。观察继电器板上继电器接点的吸起或落下,可判断相应轨道电路处于空闲或占用状态。它发送“轨道占用”或“空闲”信号到联锁和 LZB。

继电器动作电压由接收 2 板输出的直流 16V 电压供给。

⑦报文转换板。

报文转换板完成 FTGS 的位模式和 ATP 报文之间的转换,列车占用轨道区段时,发送 ATP 报文,并使发送方向迎着列车方向;由于 LZB 系统要利用 FTGS 轨道电路发送 ATP 报文给列车,在有列车占用轨道区段时,FTGS 的位模式无效,同时,ATP 报文被激活;发送板执行一个报文转换信号进行开关切换,再通过一个光耦合器,ATP 报文就从报文转换板传送到发送板。

⑧中间馈电转换板,如图 5-15 所示。

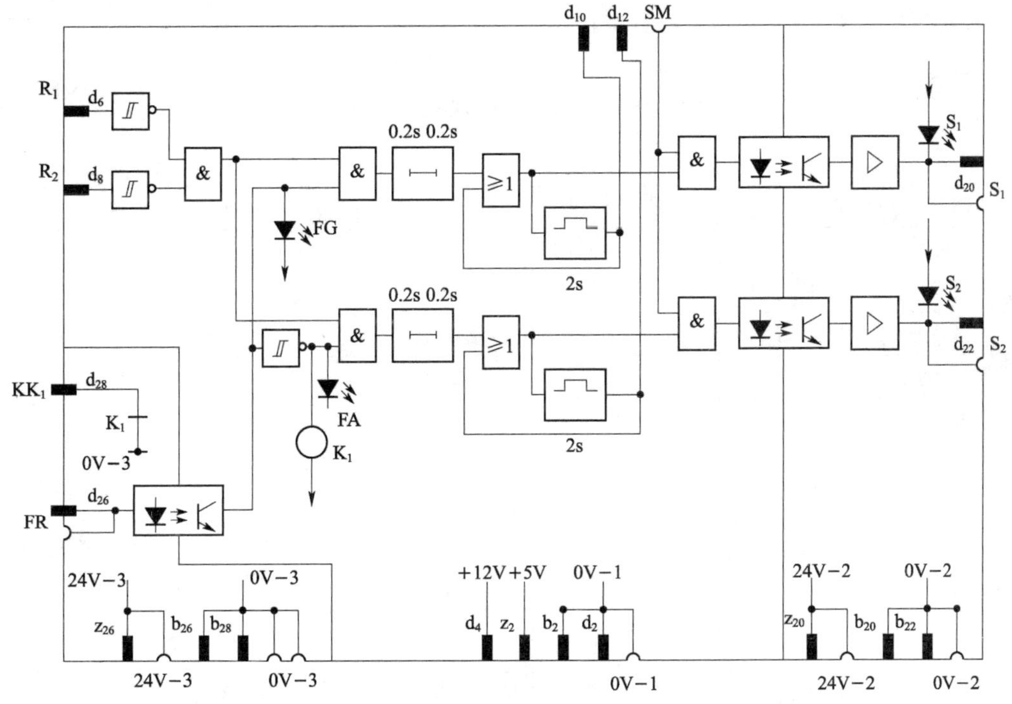

图 5-15　中间馈电转换板

中间馈电转换板是专门为中间馈电式 FTGS 和 LZB 700M 设计的,当列车的车头进入轨道电路并靠近轨道电路中央的发送端时,中间馈电转换板把发送端由轨道电路中央移到尾端(在列车运行方向的前方),因此保证轨道电路永远迎着列车发送,当进入的列车离开后,发送端又切换到轨道电路中央。

从 LZB 轨旁单元传过来的运行方向信息决定了哪里是轨道电路的尾端。通过中间馈电转换板 S_1 和 S_2 端的电压来控制方向转换板上继电器,实现了发送端与接收端的切换。当高电平(24VDC)时,继电器落下;当低电平(0VDC)时,继电器得电吸起。

当发送端切换后,会大约保持 2s 不进行切换,防止系统受瞬间波动的接收电压影响而切换回去。保证车载单元能收到至少一个完整的 LZB 报文。

列车经过时中间馈电转换板信息变化过程如表 5-1 所示。

中间馈电转换板信息变化过程 表 5-1

<table>
<tr><th>发生事件</th><th>FR</th><th>R_1</th><th>R_2</th><th>S_1</th><th>S_2</th><th>接收 1.1
Ⅰ5/Ⅱ8 电压</th><th>接收 1.2
Ⅰ5/Ⅱ8 电压</th><th>继电器</th><th>备　注</th></tr>
<tr><td colspan="10">正常方向行车</td></tr>
<tr><td>排列正常方向进路</td><td>H</td><td>H</td><td>H</td><td>H</td><td>H</td><td>空闲值</td><td>空闲值</td><td>吸起</td><td></td></tr>
<tr><td>列车接近</td><td>*</td><td>*</td><td>*</td><td>*</td><td>*</td><td>>6.5</td><td>>临界值</td><td>吸起</td><td></td></tr>
<tr><td>列车刚进入</td><td>*</td><td>*</td><td>L</td><td>*</td><td>*</td><td>逐渐下降</td><td><4.5V</td><td>落下</td><td></td></tr>
<tr><td>列车接近 M 棒</td><td>*</td><td>L</td><td>*</td><td>L</td><td>*</td><td><4.5V</td><td><4.5V</td><td>落下</td><td>转 A 方向,S_1 灯亮</td></tr>
<tr><td rowspan="3">列车离开</td><td>*</td><td>H</td><td>*</td><td></td><td>*</td><td>>临界值</td><td><4.5V</td><td>落下</td><td></td></tr>
<tr><td>*</td><td>*</td><td>*</td><td>H</td><td>*</td><td>>临界值</td><td><4.5V</td><td>落下</td><td>因 R_1 为高电平,所以 S_1 为高电平,转 G 方向</td></tr>
<tr><td>*</td><td>*</td><td>H</td><td>*</td><td>*</td><td>>临界值</td><td>>6.5</td><td>吸起</td><td>因转 G 方向,所以接收 1.2Ⅰ5/Ⅱ8 电压>6.5,所以 R_2 为高电平,继电器吸起</td></tr>
<tr><td>列车远开</td><td>*</td><td>*</td><td>*</td><td>*</td><td>*</td><td>空闲值</td><td>空闲值</td><td>吸起</td><td></td></tr>
<tr><td colspan="10">反方向行车</td></tr>
<tr><td>排列反方向进路</td><td>L</td><td>H</td><td>H</td><td>H</td><td>H</td><td>>6.5</td><td>>6.5</td><td>吸起</td><td></td></tr>
<tr><td>列车接近</td><td>*</td><td>*</td><td>*</td><td>*</td><td>*</td><td>>临界值</td><td>>6.5</td><td>吸起</td><td></td></tr>
<tr><td>列车刚进入</td><td>*</td><td>L</td><td>*</td><td>*</td><td>*</td><td><4.5V</td><td>逐渐下降</td><td>落下</td><td></td></tr>
<tr><td>列车接近 M 棒</td><td>*</td><td>*</td><td>L</td><td>*</td><td>L</td><td><4.5V</td><td><4.5V</td><td>落下</td><td>转 B 方向,S_2 灯亮</td></tr>
<tr><td rowspan="3">列车离开</td><td>*</td><td>*</td><td>H</td><td></td><td>*</td><td><4.5V</td><td>>临界值</td><td>落下</td><td></td></tr>
<tr><td>*</td><td>*</td><td>*</td><td>*</td><td>H</td><td><4.5V</td><td>>临界值</td><td>落下</td><td>因 R_2 为高电平,所以 S_2 为高电平,转 G 方向</td></tr>
<tr><td>*</td><td>H</td><td>*</td><td>*</td><td>*</td><td>>6.5</td><td>>临界值</td><td>吸起</td><td>因转 G 方向,所以接收 1.1 Ⅰ5/Ⅱ8 电压>6.5,所以 R_1 为高电平,继电器吸起</td></tr>
<tr><td>列车远开</td><td>*</td><td>*</td><td>*</td><td>*</td><td>*</td><td>空闲值</td><td>空闲值</td><td>吸起</td><td></td></tr>
</table>

注:“*”表示状态保持不变;“H”表示高电平;“L”表示低电平。

⑨代码板。

仅用于标准型。用来短路接收二板上的“受二”的信息输入端。型号:S25533-B38-A1。

⑩方向转换板。如图 5-16 所示。

标准区段和道岔区段,由 LZB 根据进路的方向直接控制方向转换板上的继电器,来转换方向;中间馈电式区段由 LZB 提供进路的方向信息给中间馈电转换板,再由中间馈电转换板根据区段占用情况和进路方向,控制方向转换板上的继电器来转换方向,实现发送端电缆与接收端电缆之间的转换,使轨道电路的发送方向始终迎着列车的运行方向。在板上可以调整各方向各接收端的接收电压。

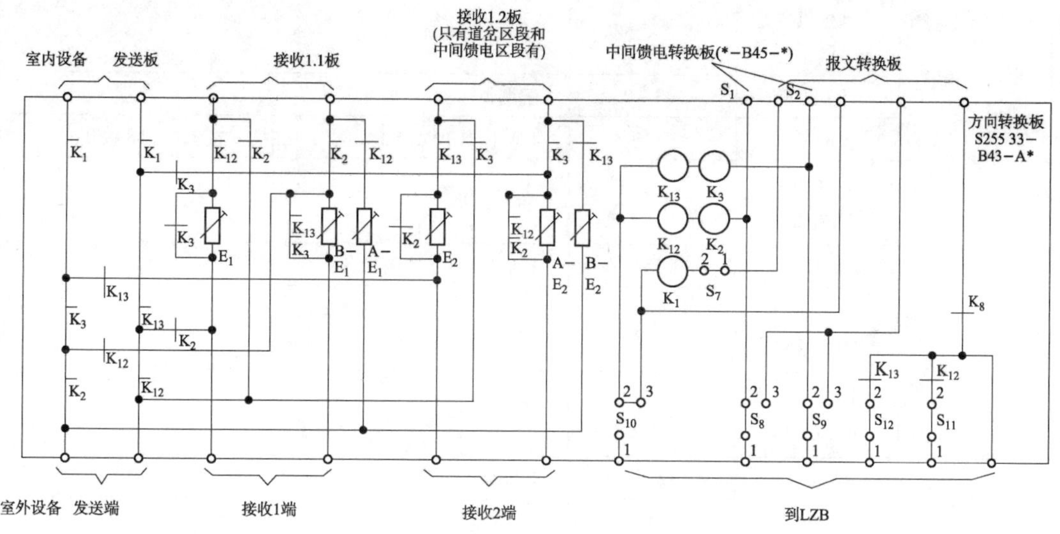

图 5-16　方向转换板

⑪电源单元。

每两套轨道电路系统都必须配置有电源单元,这个单元安装在机架背面。

电源单元输入 220VAC,输出 12VDC 和 5VDC,供各板块工作用电。

红线:12VDC,白线:5VDC,蓝线、黑线:0VDC。

⑫电缆匹配电阻。

电缆匹配电阻串接在线路上,用来平衡电缆阻抗和保护发送电路不会过载,常称为电桥。

⑬插塞。

插塞实际上是一组跳线,根据跳线不同设置不同地址,从预置存储芯片中读出相应地址的数据,计算器根据数据把晶振频率降低到相应频率。

⑭防雷单元。

并接在与室外相连线路上的防雷组件,可保护室内外设备不受室外瞬间的电压冲击而损坏。

二、FTGS-917 轨道电路的参数

FTGS-917 轨道电路室内外参考电压测量技术标准如表 5-2、表 5-3 所示。表 5-4 为 FTGS-917 组合单元面板显示意义。

FTGS 917 室内参考电压测量技术标准 表 5-2

位 置	测量插孔	测量值(V)	备 注
放大滤波板	1/2	9~12	发送器,方波电压 18V 输出周期 $T=1/F_0=69\sim210(\mu s)$
	3/4	50~60	滤波器输出到轨道(在平衡电阻前)的电压
接收 1 板	Ⅰ5/Ⅱ8 Ⅱ5/Ⅱ8	≥6.5	轨道电路空闲状态
		约 4.5	继电器处于临界状态(反复吸起和落下)
		≤4	轨道电路占用状态
	Ⅰ6/Ⅱ8 Ⅱ6/Ⅱ8	12~15	接收 1 输出
	Ⅰ7/Ⅱ8	1.3~2	解调器输入
	Ⅰ8/Ⅱ8	12	12V 供电单元,电源电压。其中Ⅰ8 接 12V,Ⅱ8 接 0V
	Ⅰ10/Ⅱ8 Ⅱ10/Ⅱ8	5.6	参考电压
	E1/E2	0.3~2	接收 1 输入(空闲状态)
接收 1 板	Ⅰ11/Ⅰ12 Ⅱ11/Ⅱ12	16.5±1	继电器电压
	Ⅰ13/Ⅰ14 Ⅱ13/Ⅱ14	4~5	级联
电源单元	12V/0V	12±1	12V 供电电源单元
	5V/0V	5±0.5	5V 供电电源单元
报文转换板	E1/GND	≥2.4 ≤0.7	接收 1.1 输出(分别切换电源通道 1、2 的空闲、占用)
	E2/GND	≥2.4 ≤0.7	接收 1.2 输出(分别切换电源通道 1、2 的空闲、占用)
	VCC/GND VCC2/GND	5±0.5 5±0.5	"-B44-"5V 供电 "-B44-"5V 供电(稳压)

FTGS 917 室外参考电压测量技术标准 表 5-3

测量插孔	测量值(V)	备 注
1/2(发送端)	30~40	室内送出电压
11/14	30~40	发送端电缆电压,数值比 1/2 端(发送端)电压低几伏
9/10(发送端)	3.5~8.0	送出轨面电压(S 棒)
	18~30	送出轨面电压(MKV 棒)
	4~8.0	送出轨面电压(8 字棒)
1/2(接收端)	0.5~0.9	回室内电压,电压等于 15~20 端电压
15~20	0.5~0.9	接收端电缆电压
9/10(接收端)	0.3~0.9	接收轨面电压

FTGS-917 组合单元面板显示意义 表 5-4

位 置	板上各表示灯的意义		显示	正 常 状 态	
				占用	空闲
放大滤波板	L_4:放大滤波板工作有电压输出		绿	亮	亮
发送板	FSK（用于二号线）	GFM:轨道空闲检测信号是使用 FSK 调制方式	黄	亮	亮
		LZB:报文信号是使用 FSK 调制方式	黄	亮	亮
	PSK（用于二号线）	GFM:轨道空闲检测信号是使用 PSK 调制方式	绿	灭	灭
		LZB:报文信号是使用 PSK 调制方式	绿	灭	灭
	L_9:一送两受芯线混线显示		绿	亮	亮
	L_1:发送器有输出		绿	亮	亮
	L_2:位模式高位或 ATP 报文低位		黄	闪	闪
	L_3:位模式低位或 ATP 报文高位		黄	闪	闪
	L_8:电码转换显示		绿	亮	亮
接收 1 板	ⅠL_5:接收器 1 的Ⅰ路正常工作		绿	灭	亮
	ⅡL_5:接收器 1 的Ⅱ路正常工作		绿	灭	亮
解调器板	ⅠL_6:解调器Ⅰ路正常工作		绿	灭	亮
	ⅡL_6:接收器Ⅱ正常工作		绿	灭	亮
接收 2 板	ⅠL_7:接收器 2 的Ⅰ路正常工作		绿	灭	亮
	ⅡL_7:接收器 2 的Ⅱ路正常工作		绿	灭	亮
继电器板	CF1,CF2 吸起表示空闲;落下表示占用		—	落下	吸起
报文转换板	L_{10}:电码转换显示		绿	亮	灭
	L_{11}:ATP 报文		绿	灭	亮
报文转换板	L_{14}:允许进行电码切换显示		黄	灭	灭
	L_{12}:通道 1 报文延时关		黄	灭	灭
	L_{13}:通道 1 报文延时开		黄	灭	灭
	L_{22}:通道 2 报文延时关		黄	灭	灭
	L_{23}:通道 2 报文延时开		黄	灭	灭
中间馈电转换板（用于二号线）	F_G:G 方向		黄	G 方向时亮	G 方向时亮
	F_A;A 方向		黄	A 方向时亮	A 方向时亮
	S_1:S_1 端输出高电平		黄	G 方向时,当列车接近 8 字棒时亮	灭
	S_2:S_2 端输出高电平		黄	A 方向时,当列车接近 8 字棒时亮	灭

续上表

位　置	板上各表示灯的意义	显示	正 常 状 态	
			占用	空闲
方向转换板	S:发送输出被切断	红	灭(会瞬间闪动)	
	A:A 方向显示	黄	A 方向时亮	
	B:B 方向显示	黄	B 方向时亮	
电源(架背面)	靠近电源输出线:12V 好	绿	亮	
	远离电源输出线:5V 好	绿	亮	

知识点 4　DTC921 轨道电路

上海城市轨道交通三号线采用法国 ALSTOM 的 DTC921 轨道电路为数字无绝缘节轨道电路,以频率划分各段轨道电路,其工作频率范围为:9.5～20.7kHz。具有调制效率高、传输信息量大等特点。本知识点主要介绍 DTC921 轨道电路的组成和工作原理。

DTC921 轨道电路是由室内处理单元、室外调谐单元、S-BOND、连接电缆以及钢轨构成。

处理单元设于车站信号机械室内,用于发送、接受以及处理信号;两个调谐单元谐振于本段轨道电路工作频率;S-BOND 和调谐单元共同把发送信号耦合到钢轨上。处理单元具有与 ATC、VPI(计算机联锁)设备的接口,ATC 设备提供轨道电路发送给列车的 SACEM 报文信息(机车信号),另外还提供维护用的接口。如图 5-17 所示。

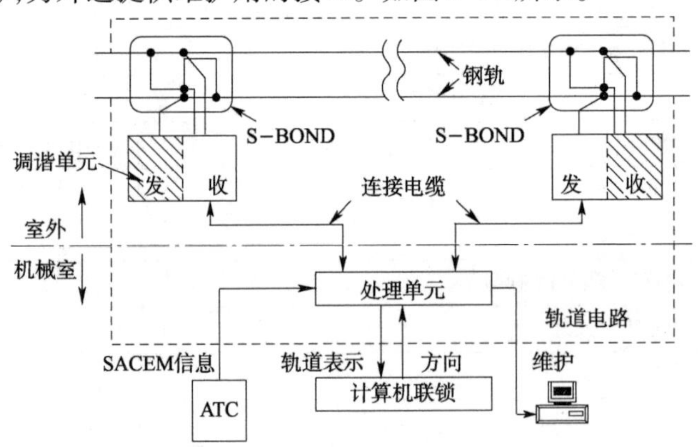

图 5-17　DTC921 轨道电路框图

DTC921 轨道电路两大功能:①列车检测;②发送 SACEM 报文通道。

1. 处理单元工作原理

处理单元由发送/接收板、比较板以及调制解调板组成。电路中的门限 2 高于门限 1,以保证开关 K 置"a"值大于置"b"值(类同轨道继电器返还系数)。

本段轨道空闲时,调制解调板产生 400b/s 的轨道电路调制数据(简称轨道数据),以分配给本段的载频,用 MSK 调制方式发送至钢轨。

接收部分的数据比较器将解调后得到的轨道数据与调制电路的轨道数据比较,如果一致表示轨道数据收悉;电平比较器检测接收信号的电平,如果接收信号电平高于门限 1,而调后的数据又与本轨道数据一致,则与门输出"1",开关 K 置"a",保持继续向轨道发送轨道数据,并向 VPI 发送轨道电路空闲信号。

如果轨道被列车占用,列车轮轴分路轨道信号,信号接收电平低于门限 1,则与门输出,开关 K 置“b”,调制数据改为 500b/s 的 SACEM 报文,经由钢轨发送给列车,用于自动控制。

当列车出清本轨道电路时,电平比较器得到高于门限 1 的电平,但是开关 K 置“b”,数据与轨道数据比较不一致,不能立即发送空闲信号。当电平高于门限 2 的电平时,触时器计时结束后进行接点转换,开关 K 置“a”。解调器收到轨道数据,当数据比较并满足电平要求后,向 VPI 发送空闲信号。所以,列车出清轨道后要经过一定的延时才可以发送空闲信号。如图 5-18 所示。

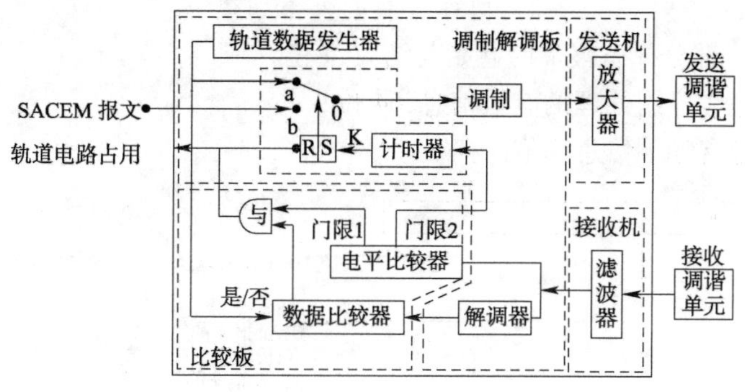

图 5-18　处理单元主要功能图

2. S-BOND 及调谐单元工作原理

S-BOND 与调谐单元、钢轨以及连接电缆并联谐振于所处轨道的载频,用于选频及滤波。调谐单元中含有可调电感,用以调整谐振频率在载频中心频率。一个调谐单元由 2 个对称部分组成,分别用于前个轨道电路的接收和后一个轨道电路的发送。如图 5-19 所示。

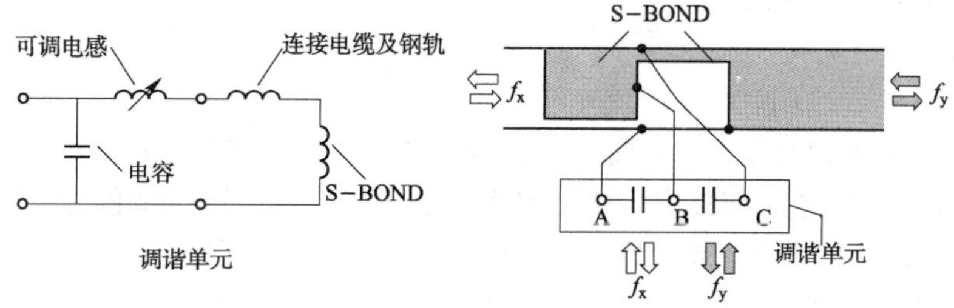

图 5-19　S-BOND 及调谐单元工作原理

以看出 S-BOND 由两个半环构成,假设右半环用于向左方向发送信号,那么下一个 S-BOND 的左半环则用于接收,这两个半环与它们所连接的调谐单元谐振于本轨道的载频,如图 5-20 所示。

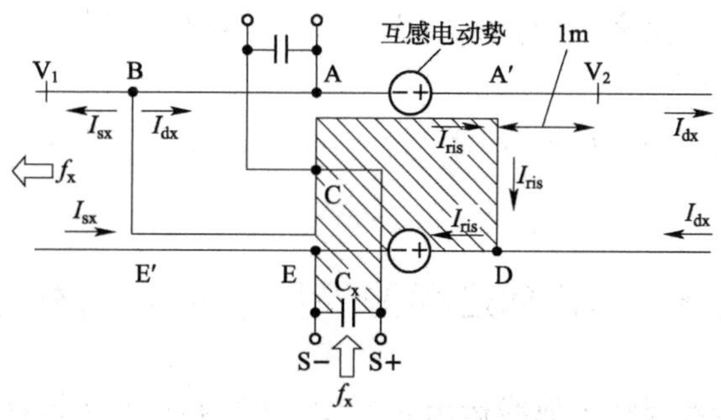

图 5-20　S-BOND 工作原理图

3. SACEM 报文

上文已经提到过当轨道电路空闲时,各个载频调制轨道数据。一旦被占用,则轨道电路调制 500b/s 的 SACEM 报文。SACEM 报文包含丰富的信息,是车载 ATP 设备用于计算列车运行状态的基础。

报文的基本形式:报文由固定长度的帧组成,帧长度:80 位 +4 位的起始/停止符(图 5-21)。

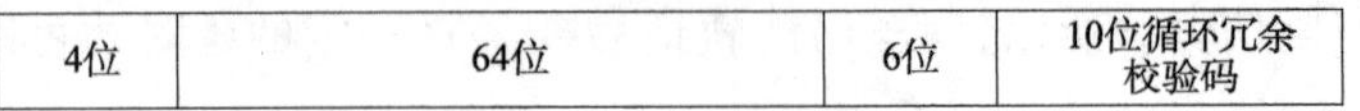

4位	64位	6位	10位循环冗余校验码

图 5-21　报文基本形式

"起始 / 停止"部分标志报文的起始与结束,4 位;

"信息"部分包含应用处理的有效信息,64 位;

"解码"部分包含如下信息,6 位:

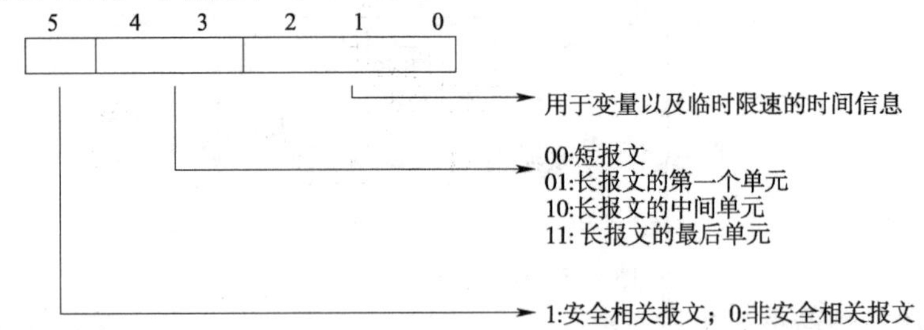

"第一级检测码"用于检测和校正传输中的干扰,10 位。

报文按类型分为(这里的报文指 64 位信息位):

(1)安全相关不变量报文;

(2)安全相关变量报文;

(3)临时限速报文;

(4)非安全相关变量报文。

安全相关不变量报文属于长报文,它包含进路地图中的一些不变量的信息数据,例如道岔、信号机、信标位置、永久限速点等。长报文长度比较长,长度≤512 位,因为一帧只包含 64 位的有用信息,所以长报文要分成若干帧传送给车载 ATP,并且按次序循环发送。

安全相关变量报文属于短报文,只有一帧。它反映一些安全相关的变量,例如道岔位置、信号机状态等,一帧中变量的最大数量是 22。安全相关变量也是循环发送,但当安全性变量一旦发生变化,轨旁 ATP 设备立即通过轨道电路发送给车载 ATP 设备,例如此时正在发送长报文,当地面安全相关变量发生变化时,立即打断长报文发送,插入发送安全相关变量,等发送完成后再继续长报文的发送。

临时限速报文属于长报文,它向车载 ATP 提供线路的临时限制速命令,一个传输区有 4 帧临时限速信息,并循环发送。

非安全相关变量报文属于短报文,只有一帧。它包含一些非安全的变量以及同步时间信息,并循环发送。

知识点 5　AF-902/904 型数字编码轨道电路

在上海地铁 2 号线和天津滨海线运用的是 AF-902/904 型数字编码轨道电路,是联锁逻辑处理单元和车载设备之间的通信接口。

一、AF-904 系统的硬件结构

AF－904 系统的主要设备包括控制机箱、轨道耦合单元和轨道连接器（导线体和轨道环线，如图 5-22 所示），按地点可分为轨旁设备和室内信号设备（图 5-23）两部分。

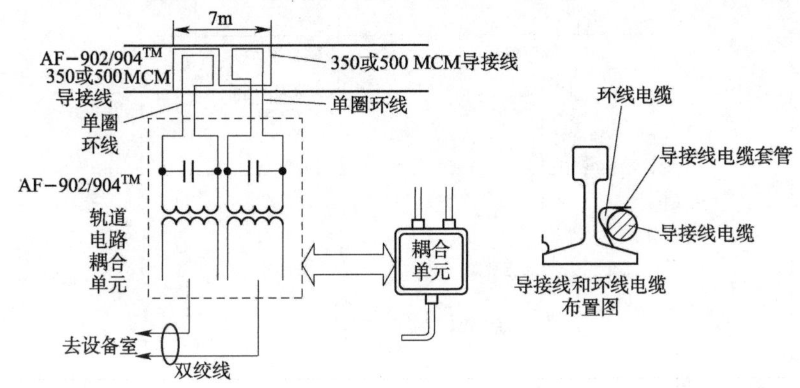

图 5-22　轨道耦合单元和轨道连接器

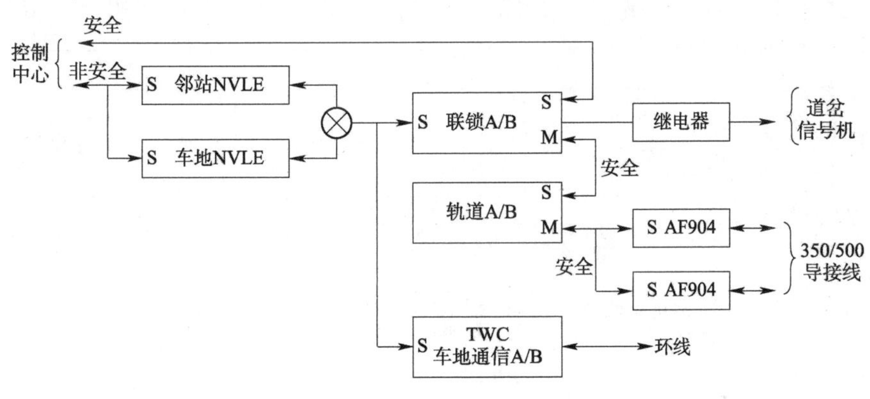

图 5-23　室内信号设备

1. 轨旁设备

轨旁设备由轨道耦合单元、500MCM 连接器（S 形电缆）和环线 3 部分组成，在轨道之间或沿轨旁安装。

轨道耦合单元将轨道信号连接到控制机箱的接收和发送电路，并调谐到轨道电路的载频频率。它安装在轨旁，包括两个独立的耦合电路。每个耦合电路都由变压器和可调电容器组成槽路，如图 5-24 所示。它们也作为轨道电路的端点，并且实现与 S 棒的阻抗匹配。

2. 室内信号设备

控制机箱以微处理器为基础，测量轨道信号的幅度以检测列车的存在，发送和接收 ATP 信息的移频信号，以及进行内部或本地系统的连续诊断等。

由于每段轨道电路的应用程序存在一个独立的位于机笼母板上的 EPROM 中，在定期更换控制板时无须重新设置。这样，任何一段轨道电路的单盘都相同，使得轨道电路的故障诊断和维护更便捷。每段轨道电路由两套设备构成“热备用”，备用设备处于“热备用”状态，不需经过启动程序即可转至在线状态。

AF-904 的硬件结构框图如图 5-25 所示。图中“TC”指轨道电路。1、2、3、4 分别代表不同的轨道区段。“MT”指轨道联锁，是联锁单元 MI 与轨道电路之间的信息通道。

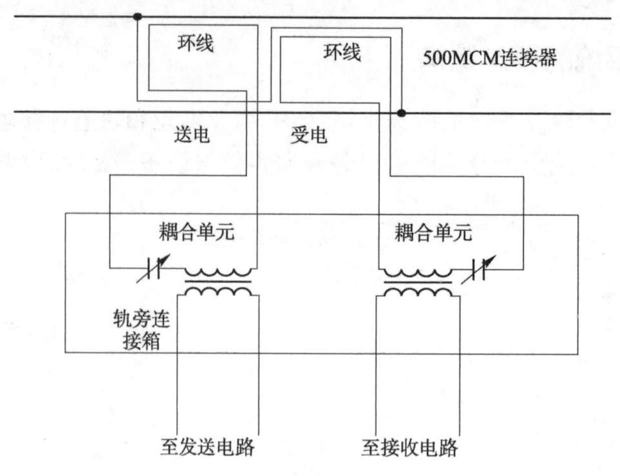

图 5-24 轨道耦合单元

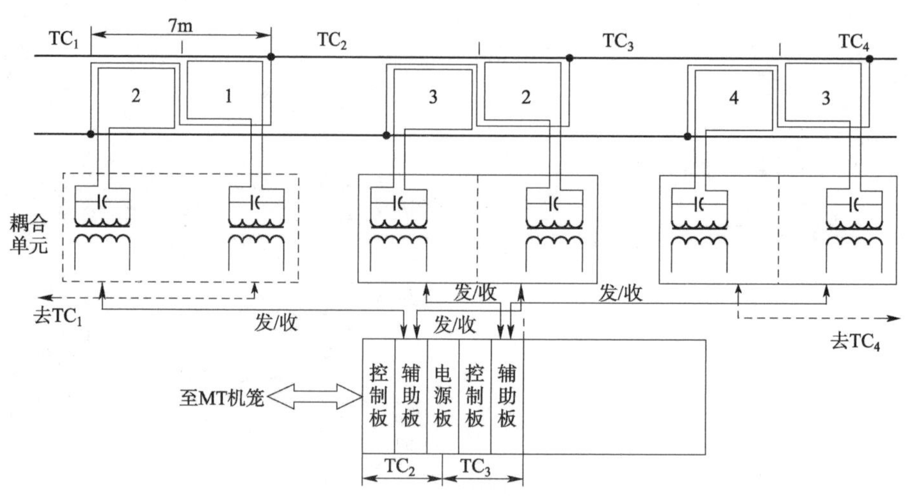

图 5-25 AF-904 的硬件结构框图

(1)插件柜(机箱)

AF－904 的插件柜(机箱)(图 5-26)是由与 19in(0.4826m)WAF 架兼容的安装在底盘的电子电路板组成的。它安装于设备房,需 110/240V、50/60Hz 电源输入。每一插件柜(机箱)包括 10 个 PCB 电路板,被配成 4 套独立的轨道电路系统。

图 5-26 插件柜

每个轨道电路包括含 2.5 块 PCB 板:一块轨道电路控制板、一块辅助板、半块电源板(两段轨道电路共用一块电源板)。机箱包含一个可以显示数字及字母的显示器和若干开关,在前面板上就可以对每段轨道电路进行调整,并访问它们的数据。前面板上还有一个串行端口,可以使用一台便携机通过这个端口来获取数据,以进行诊断。

通过机箱前面板上的发光二极管显示和开关,可以设置轨道电路速度限制,并且可以访问诊断系统信息。

(2)轨道电路控制板

控制板产生具有 ATP 功能的数字编码信息。其核心是 MC68HC1621 CMOS 微控制器，除系统集成模块外，还包含几个外围集成块。两个字母数字显示器，上面是红色的，下面是绿色的，用来监视轨道电路的设置和动作。四个瞬间接触开关（SPDT），用来在设置时输入数据。五个 LED，提供有关信息。一个计算机兼容串行口，一个连接器提供 RS-232 终端口，用来详细监视和诊断 AF-904 逻辑和内存。调试端口，用来直接控制 68HC16 微控制器，为工厂使用。

(3)辅助板辅助板

对控制板产生的信息放大发送至室外并接收轨道信息。辅助板包含两个轨道数据发送的放大器和轨道电路的接收器的前端部分及条件电源（CPS）分系统。继电器用来在发生故障时切换系统，使它成为一个智能监视点。8 个 LED，用来显示关键参数的状态。11 个维修测试点，可提供对控制板和辅助板的电压和信号的测试。

(4)电源板

电源板产生控制板和辅助板工作所需要的电源。

电源板中有两套独立的供电系统，用于两套独立的轨道电路。每块电源板提供两个工作电源，可调整为内部组成需要的工作电源，电源板与标准 AC 商业电源相接口。为了在从插件柜中取出电源板时保证安全，防止短路，加了焊点罩。

14 个 LED，7 个用来监视主电源，7 个用来监视备用电源。两个独立的电源开关，上面的电源给右边两块 PCB 供电，下面的电源给左边的两块 PCB 供电。开关是锁闭性开关，必须先拔出再扳。4 个电压测试点，用来测试两个分系统供电。

二、AF-904 系统的工作原理

AF902/904 轨道耦合单元将轨道信号和组匣上的发送和接收单元连接起来。AF－904 系统与联锁系统之间通过 RS－485 接口进行通信。AF－904 系统与轨道逻辑处理器（轨道 MICROLOK Ⅱ的接口是一个双向的串行数据链路，与列车之间的通信接口是一个单向的链路，只有列车接收的功能。

每一个 AF－904 系统都必须实时安全地检测轨道电路的状态。在轨道电路一端传送，并在另一端接收的 FSK 信号，不仅用来传送数字机车信号数据，而且用于列车检测。接收器通过监测载波电平和一部分数字信息来判定轨道是否空闲。车载 ATP 设备通过感应器接收和解码该数据帧，完成列车控制功能。

该数据帧中包含以下信息：线路限速、目标速度、区段长度、坡度、运行方向、门控信号、下一区段载频、编组/解编组信息等，轨道电路采用 BFSK 调制方式向列车不间断地发送经过数字编码的数据帧。安全轨道区段逻辑控制由“轨道 MICROLOK Ⅱ”系统完成，车站内联锁逻辑以及转辙机和信号机的控制由“联锁 MICROLOK Ⅱ”系统完成。非安全逻辑控制由“非安全逻辑模拟器 NVLE”单元完成。图 5-27 为轨道电路中机车信号频率的应用。

AF－904 系统接收来自联锁系统的串行信息（目标速度、目标距离等），再加上本轨道区段信息（轨道电路 ID 号、线路速度等），形成复合信息；然后将复合信息用 NRZI 格式编码形成报文帧，结合机笼后面的方向继电器以 FSK 调制方式把报文送至相应的耦合电路，经单匝环线与“S”棒耦合；然后由车载 ATP 接收、解码并校验信息的正确性，验证完毕执行 ATP 功能，完成数字车载信号的传输功能。

以下为利用 AF－904 对列车的检测功能的介绍。

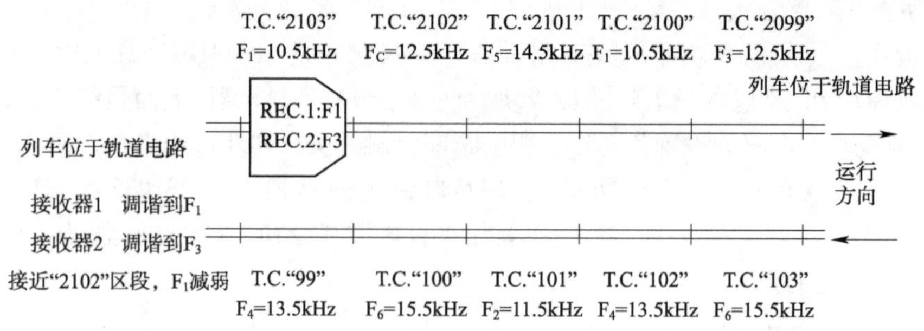

图 5-27 轨道电路中机车信号频率的应用

利用 AF－904 信息的标题位(前 8 位)作为列车检测的信号,其固定为 01111110。

当轨道电路空闲时,被检测到的信号幅度在门限值以上,该门限值由 AF－904 接收器电路设置。列车进入轨道电路,所接收到的信号被分路,其幅度降至门限值以下,表示轨道电路被占用。由于其他原因造成的轨道短路、断路等故障时,也会使接收到的信号低于预定的阈值或是错误的轨道 ID 号。

根据故障—安全原则,上述两种情况都会使 AF－904 控制板关掉其直流输出,向联锁单元传递"占用"信息,否则传递"空闲"信息,从而完成列车检测功能。

知识点 6　轨道电路的维护

轨道电路用来检查进路是否空闲,反映区段或进路的锁闭和解锁状态,监督列车和调车车列的运行情况。

当轨道电路故障时会出现以下两种情况:

(1)有车占用无红光带;

(2)无车占用亮红光带。

原因分析如下。

一、有车占用无红光带

当有车占用时控制台无红光带显示故障是非常危险的,当发生这类故障后应首先通知车站值班员停用设备,然后进行处理。

这类故障发生的原因一般在室外设备,可先检查控制台光带表示灯是否有故障,以及轨道继电器是否落下或接点卡阻或粘连等。

这类故障发生在室外设备的主要原因:

(1)在道岔区段轨道电路,设有轨端绝缘但没有设在受电端的双动道岔渡线或测线上,因轨端接续线或岔后跳线断开、脱落,而造成死区段。

(2)轨面电压调整过高或送电端可调电阻调整的阻值过小,造成轨道电路不能正常分路。

(3)一送多受轨道区段,因各受电端距离较远,轨面电压调整不平衡,有个别受电端轨面电压过高而造成分路不良。

(4)因钢轨轨面生锈,车辆自重较轻或轮对电阻过大等,使车辆轮对分路不良。

(5)室外发生混线,有其他电源混入,或牵引电流干扰等使轨道继电器误动。

二、无车占用亮红光带

发生这种故障时，应先在控制台观察故障现象，做出初步判断。

（1）如果几个轨道电路区段同时出现红光带，应重点在分线盒检查轨道电源熔断器熔丝和送电电缆芯线；

（2）若相邻两个轨道区段同时出现红光带，一般是相邻两轨道电路轨道绝缘双破损；

（3）只有一个轨道区段亮红光带，应首先在分线盘处测试送电电缆端子有无电压，若有电压。确认为室外故障时，再去室外处理。

判断轨道电路是开路故障还是短路故障是分析故障的关键。

轨道电路开路故障：轨道电路开路后继电器落下，控制台点亮红光带。开路故障应查钢轨接续线、道岔跳线、箱盒与轨面的引导线（是否断线）。

轨道电路短路故障：短路故障应查绝缘，绝缘破损；其他异物短路，如铁丝等金属褡裢或跳线、引导线混线造成。

任务一：交流连续式轨道电路测试

任 务 单

项目名称	轨道电路	任务名称	交流连续式轨道电路测试
训练目的	通过实验使学生进一步掌握交流连续式轨道电路的组成、工作原理，掌握轨道电路送、受电端参数测试		
实验工具	每班可分若干测试小组。每一测试小组万用表两块，标准分路电阻线（0.06Ω）一条，短路线若干条，检修工具一套		
方法步骤	1. 室外测试项目 用交流电压表、钳形表测量交流连续式轨道电路的送电端电源变压器Ⅰ次、Ⅱ次电压及限流器的电压降，送受端轨面电压及电流，受电端中继变压器的Ⅰ、Ⅱ次侧电压。 2. 室内测试项目 （1）用交流电压表测量电源屏轨道电路电源电压。 （2）在组合架上测试各区段轨道电路的交流电压和直流电压（用交流电压和直流电压表测量），交流电压在 GJ 的端子 7－8 上测量，直流电压在端子 3－2 上测量。 （3）利用轨道电路测试盘测量轨道继电器交、直流电压。调整状态时标准值，交流端电压为 10.5～16V。 （4）用 0.06Ω 标准分路线分别在轨道电路两端分流，GJ 应可靠落下，GJ7－8 端电压应小于 2.7V。 3. 填写下表		
习题	1. 画图说明各种轨道电路的设备组成。 2. 简述轨道电路调整状态和分路状态的工作原理		

BG_1-50Ⅱ(V)	送轨(V)	U_R(V)	受轨(V)	BZ_1Ⅰ(V)	BZ_1Ⅱ(V)	GJ(V)	GJ(残)(V)

工 作 单

项目及配分		实训内容及评分标准	扣分	得分
操作技能	操作程序(30分,每漏、错一项扣3分)	1.工具、小料准备齐全,检查工具、量具是否良好。必要工具缺一件扣2分		
		2.在“行车设备检查登记簿”中登记,联系		
		3.检查设备比(先箱外、后箱内)		
		4.箱内设备检修先检查测试,后整理清扫		
		5.离开第一检修点,应向室内值班人员报告		
		6.在送、受端间行走时,应顺序检查轨端连接线、道岔跳线、轨道绝缘,排除异物等		
		7.到达下一作业点,先联系后作业		
		8.做好各点测试记录		
		9.作业完毕,消记		
操作技能	质量(30分)	1.漏检漏修(设备隐患),每处扣15分		
		2.测试记录漏项,每项扣5分		
		3.不清楚调整状态标准(考评员提问),扣10分		
		4.记录不清楚,每处扣5分		
工具使用(10分)		1.操作方法错误,纠正一次,扣5分		
		2.损坏器材,扣10分		
		3.损坏工具、仪表,扣5分		
安全及其他(10分)		1.接到有车通知,应立即收好工具,并避让到安全地点。未做到,酌情扣5~10分		
		2.未按规定着装,扣3分		
		3.作业在30min内完成,每超1min扣2分,超过5min停止实训		
自评(10分)		意见:		
互评(10分)		意见:		
合计(100分)				

任务二:25Hz相敏轨道电路测试

任 务 单

项目名称	轨道电路	任务名称	25Hz相敏轨道电路测试
训练目的	通过实验使学生进一步掌握25Hz相敏轨道电路的组成、工作原理,掌握轨道电路送、受电端参数测试;轨道电路调整状态工作原理;轨道电路分路状态工作原理		
实验工具	每班可分若干测试小组。每一测试小组万用表两块,标准分路电阻线(0.06Ω)一条,短路线若干条,检修工具一套		
方法步骤	1.室外测试项目 用交流电压表、钳形表测量25Hz相敏轨道电路的送电端电源变压器,扼流变压器Ⅰ次、Ⅱ次电压及限流器的电压降;送受端轨面电压及电流,受电端变压器、扼流变压器的Ⅰ、Ⅱ次侧电压。 (1)电源电压:250V挡,220V左右。 (2)轨道变压器Ⅰ、Ⅱ次侧电压:送端Ⅰ次侧250V挡,220V;Ⅱ次侧10V挡,2~5V。 (3)限流器电压:10V或2.5V挡,1~4V。		

方法步骤	（4）轨面电压：2.5V 挡，0.4～1.5V。 （5）绝缘测试：钢轨绝缘，用×10 欧姆挡为好，测夹板对钢轨大于 50Ω；轨距杆、连接杆、地锚杆绝缘用钳型表测，应无电流（mA）；安装装置绝缘，用 2.5V 挡对两钢轨测平衡电压，两边平衡则绝缘好，一边为 0，一边为全电压，则为 0 边绝缘坏。 （6）分路残压：用 0.06Ω 标准分路电阻线在轨道电路钢轨送端、中端、受端分别封连，室内轨道继电器端电压分别不大于 7.4V。 （7）极性交叉：轨端两组绝缘 4 根钢轨，绝缘两端钢轨的电压大于交叉两钢轨的电压则是极性交叉。封连一组绝缘，另一组绝缘钢轨两端的电压是两轨道电路轨面电压的和则是极性交叉。 （8）入口电流：有叠加发码的站内正线轨道电路和股道轨道电路，迎着列车发码。进路办好后列车刚进入轨道电路，用选频表在轨道电路发码端测到的移频电流则为入口电流。 2. 室内测试项目 （1）用交流电压表测量电源屏轨道电路电源电压。 （2）在组合架上测量 GJ 轨道线圈及局部线圈电压的大小（有效电压应不小于 18V）。 （3）用 0.06Ω 标准分路电阻线在轨道电路送、受电端轨面上分路时，轨道继电器端电压应不大于 7.4V，其前接点应断开。 （4）分线盘：送端 220V，受端 15～21V。 （5）测试盘：各自规定的电压范围内（一般 15～21V）。 （6）继电器端压：各自规定的电压范围内（一般 15～21V）。 （7）相位（25Hz）：专用相位表，两对表笔分别测局部和轨道电压，其相位差应在 90±15 范围内。 （8）防雷元件测试：专用防雷元件测试仪，测试漏流、耐压、放电电压等。 （7）电缆测试：兆欧表对地测试大于 1 兆。 3. 填写下表
习题	简述轨道电路、继电器、信号机之间的联系

BG_{25} Ⅱ (V)	BE_{25} Ⅰ (V)	BE_{25} Ⅱ (V)	送轨 (V)	U_R (V)	受轨 (V)	BE_{25} Ⅰ (V)	BE_{25} Ⅱ (V)	BG_{25} Ⅱ (V)	BG_{25} Ⅰ (V)	GJ (V)	GJ（残） (V)

工　作　单

项目及配分		实训内容及评分标准	扣分	得分
操作技能	操作程序（30 分，每漏、错一项扣 5 分）	1. 工具、小料准备齐全，检查工具、量具是否良好。必要工具缺一件扣 2 分		
		2. 在“行车设备检查登记簿”中登记，联系		
		3. 检查设备比（先箱外、后箱内）		
		4. 箱内设备检修先检查测试，后整理清扫		
		5. 离开第一检修点，应向室内值班人员报告		
		6. 在送、受端间行走时，应顺序检查轨端连接线、道岔跳线、轨道绝缘，排除异物等		
		7. 到达下一作业点，先联系后作业		
		8. 做好各点测试记录		
		9. 作业完毕，消记		

项目及配分		实训内容及评分标准	扣分	得分
操作技能	质量(30分)	1. 漏检漏修(设备隐患),每处扣15分		
		2. 测试记录漏项,每项扣5分		
		3. 不清楚调整状态标准(考评员提问),扣10分		
		4. 记录不清楚,每处扣5分		
工具使用(10分)		1. 操作方法不对,纠正一次,扣5分		
		2. 损坏器材,扣10分		
		3. 损坏工具、仪表,扣5分		
安全及其他(10分)		1. 接到有车通知,应立即收好工具,并避让到安全地点。未做到,酌情扣5~10分		
		2. 未按规定着装,扣3分		
		3. 作业在30min内完成,每超1min扣2分,超过5min停止实训		
自评(10分)		意见:		
互评(10分)		意见:		
合计(100分)				

任务三:轨道绝缘及极性交叉检查

任务单

项目名称	轨道电路	任务名称	轨道绝缘及极性交叉检查
训练目的	1. 通过实验使学生掌握轨道电路极性交叉测试; 2. 钢轨绝缘破损测试		
实验工具	每班可分若干测试小组。每一测试小组万用表两块,标准分路电阻线(0.06Ω)一条,短路线若干条,检修工具一套		
方法步骤	1. 轨道绝缘及极性交叉检查 (1)方法一 如图1所示,利用短接线a跨接在其中一组绝缘节A两端钢轨上,如果GJ落下或电压表示数减少,甚至指针反偏,则说明B绝缘节坏;同理跨接B可检查A的好坏。 (2)方法二 按如图2所示方式接线,可能发生以下三种情况: ①1GJ↓,则说明绝缘A已破损; ②2GJ↓或电压表读数降低,则说明绝缘B破损; ③1GJ↓、2GJ↓或电压表的读数降低,则说明绝缘A、B均破损。 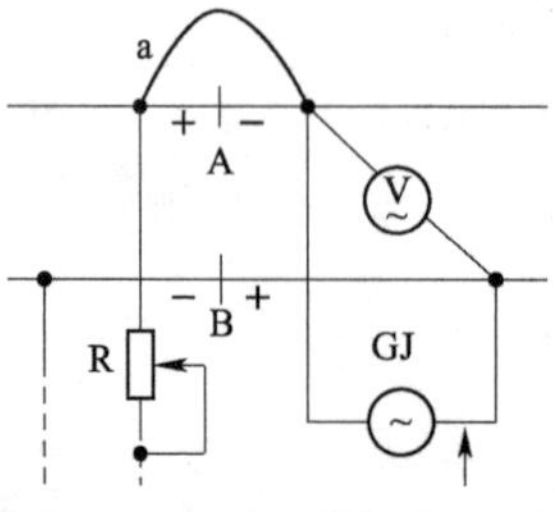 图1 轨道绝缘测试方法一 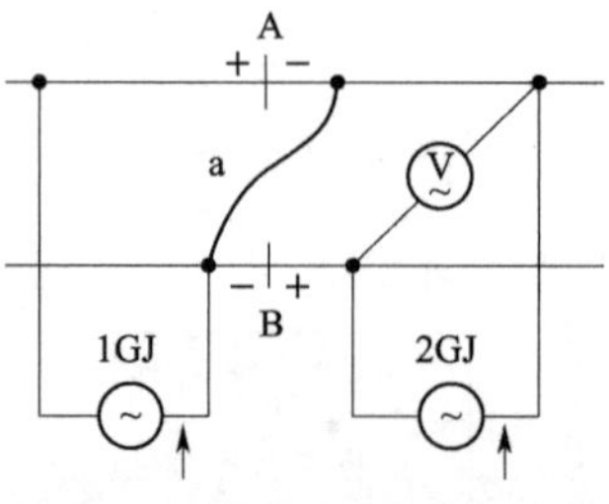 图2 轨道绝缘测试方法二		

方法步骤

2. 极性交叉检查

相邻轨道电路的电源极性必须进行交叉。

(1)方法一

用选频电压表在轨端绝缘处轨面测得(图 3)。在电化有扼流变压器区段,两轨端绝缘处电压 V_1+V_4 之和约等于两轨面电压 V_2+V_3 之和,或轨端绝缘处电压 V_1、V_4 大于交叉电压 V_5、V_6 时,有相位交叉(对于相邻两区段轨面电压相差较大时,该方法不易判断,应采用方法二)。或用 CT268A 型轨道电路极性交叉检查仪测量直读邻接区段是否极性交叉。

(2)方法二

使用 CD96-3 型表选择 25 周电压相位差挡,将四根表笔按红黑对应插入四个测试孔,测试方法如图 4 所示,注意:红、黑表棒应分别在钢轨同一侧,且输入仪表的两路信号分别对应两个区段轨面电压,读取数据在 180°左右为极性交叉,数值在 0 或者 360°左右为不交叉。

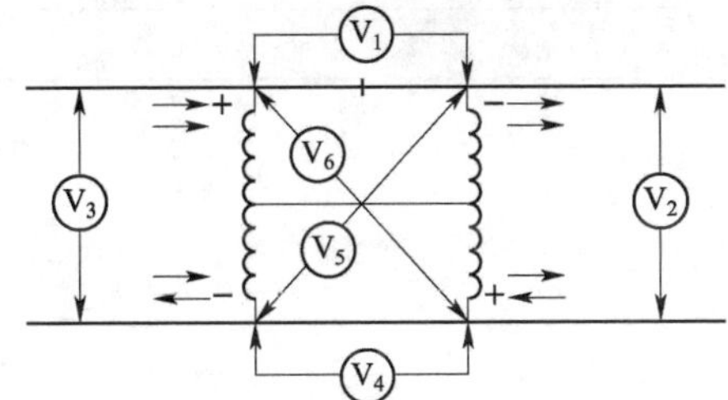

图 3　极性交叉检查检测图

图 4　利用 CD96-3 型表进行极性交叉检测

3. 利用计算机检测判断绝缘节不良

相邻两个区段的电压日曲线同一时间出现同样波形,并且电压下降,就表示绝缘节不良。

(1)若区段红光带相邻区段电压未造成波动,就表明绝缘节良好,故障发生在区段内。

(2)若区段红光带相邻某个区段电压也发生了波动,就表明波动区段绝缘节破损。

习题：画出相关测试电路,写出测试程序、方法,并以表格形式填写测试数据,与标准参数比较,最后写出实验思考

工　作　单

项目及配分		实训内容及评分标准	扣分	得分
操作技能	操作程序(30 分,每漏、错一项扣 5 分)	1. 工具、小料准备齐全,检查工具、量具是否良好。必要工具缺一件扣 2 分		
		2. 在"行车设备检查登记簿"中登记,联系		
		3. 利用方法一进行极性交叉检测		
		4. 利用方法二进行极性交叉检测		
		5. 离开第一检修点,应向室内值班人员报告		
		6. 在送、受端间行走时,应顺序检查轨端连接线、道岔跳线、轨道绝缘,排除异物等		
		7. 到达下一作业点,先联系后作业		
		8. 做好各点测试记录		
		9. 作业完毕,消记		
	质量(30 分)	1. 漏检漏修(设备隐患),每处扣 15 分		
		2. 测试记录漏项,每项扣 5 分		
		3. 不清楚状态标准(考评员提问),扣 10 分		
		4. 记录不清楚,每处扣 5 分		

项目及配分	实训内容及评分标准	扣分	得分
工具使用 （10 分）	1. 操作方法错误，纠正一次，扣 5 分		
	2. 损坏器材，扣 10 分		
	3. 损坏工具、仪表，扣 5 分		
安全及其他 （10 分）	1. 接到有车通知，应立即收好工具，并避让到安全地点。未做到，酌情扣 5 ~ 10 分		
	2. 未按规定着装，扣 3 分		
	3. 作业在 30min 内完成，每超 1min 扣 2 分，超过 5min 停止实训		
自评（10 分）	意见：		
互评（10 分）	意见：		
合计（100 分）			

项目六 联锁系统

☞ 导入

在城轨中,一般采用上下行双线、列车间隔运行的模式,信号设备和轨道结构比大铁路简单。城市轨道交通中需要调车的有:部分有折返作业车站、配有出入车辆段线的车站、联络线出岔处车站等。为了保证行车安全(调车作业),而将车站的所有信号机、轨道电路及道岔等相对独立的信号设备构成一种相互制约、联合控制的连环扣关系,即联锁关系(简称联锁)。

知识储备

车站信号控制系统,一般称为车站联锁,它的控制对象主要有:信号机、道岔和进路。道岔在现地分散操纵的车站联锁,叫非集中联锁;道岔、进路和信号机在一处集中控制与监督的车站联锁,叫集中联锁。

用继电电路实现联锁的电气集中联锁,叫作继电式电气集中联锁。6502 电气集中联锁即是继电集中联锁的一种。通过计算机来实现车站联锁功能的联锁系统,叫作计算机联锁系统。

知识点 1 联锁系统的概念

一、进路

进路是列车和调车机车车辆在车辆段内所经过的径路,是从一架信号机开始,至同方向次一架信号机为止的线路。按照道岔的不同开通方向可以构成不同的进路,每条进路由相应的信号机防护,列车或调车机车车辆必须依据信号的开放进入或通过进路。

办理进路,就是将有关道岔转换到进路要求的位置后锁闭,并开放防护进路的信号。但是有些进路如果同时建立会造成列车或调车车列冲突的危险,这样的进路互为敌对进路,防护这两条进路的信号互为敌对信号。

1. 进路的方向和范围划分

进路有一定的运行方向和一定的范围,即要有一个确定的始端、一个确定的终端和一条确定的径路。将进路的范围划分明确了,信号机所防护的范围也就明确了。进路的始端处应设置信号机加以防护,而其终端处也多以同方向的信号机为界,在进路的终端处无信号机时,以车挡、站界标或警冲标(不设出站信号机的车站)为界,具体划分进路方法,如图 6-1 所示的举例。

(1)上行Ⅱ股道接车进路的始端是上行进站信号机 S,其终端是上行Ⅱ股道上的出站信号机 $S_{Ⅱ}$,接车进路的范围是从 S 至 $S_{Ⅱ}$,其中包括Ⅱ股道。

(2)上行Ⅱ股道发车进路的始端是 $S_{Ⅱ}$，而终端是 X，上行Ⅱ股道发车进路的范围是由 $S_{Ⅱ}$ 至 X(不包括股道)。

(3)上行通过进路的始端是 S，终端是 X，通过进路的范围是从 S 至 X(包括Ⅱ股道)。

(4)由 D_1 向Ⅰ股道的调车进路的始端是 D_1，终端为下行Ⅰ股道的出站兼调车信号机 X_1，调车进路的范围为 D_1 至 X_1，其中包括Ⅰ股道。

(5)由 X_1 至 D_4 信号机的调车进路的始端是 X_1(出站兼调车)，而终端是车挡，该调车进路的范围是从信号机至车挡，其中包括牵出线。

(6)由 S_1 向 D_1 的上行调车发车方向进路的始端是出站兼调车信号机 S_1，而终端为下行进站信号机 X，其中包括 D_1 至 X 之间的无岔区段。

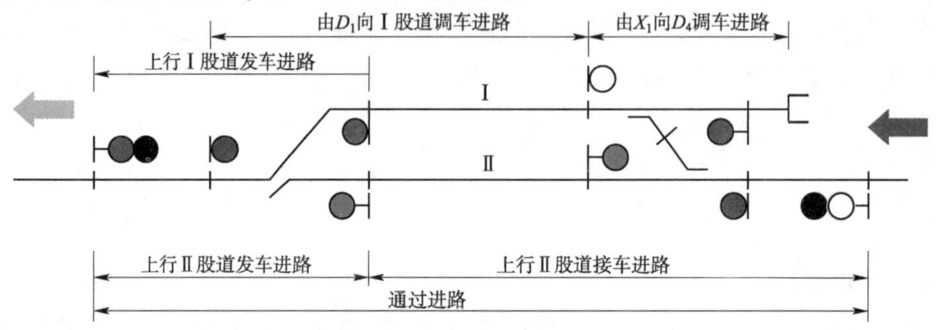

图 6-1　进路的划分方法

明确了进路范围如何划分对进一步研究车站联锁电路设计极为重要。下面研究以下进路划分的原则是什么，各种进路的范围应如何确定等问题。现以图 6-1 为例说明如下：

上行Ⅱ股道接车进路是由进站信号机 S 开始，至出站信号机 $S_{Ⅱ}$ 为止。上行Ⅱ股道发车进路是由出站信号机 $S_{Ⅱ}$ 开始，至进站信号机 X 为止。不难看出，接车进路除包括咽喉区的道岔区段外，还包括发车股道，而发车进路却不包括接发车股道，但发车进路范围内的无岔区段应包括在内。

2. 列车进路的划分原则

(1)进路的始端一般是信号机。

(2)进路范围内包括道岔和道岔区段。

(3)一架信号机同时可防护几条进路，即它可作为几条进路的始端(如进站信号机，接车进路信号机等)。

(4)发车进路的终端可以是信号机、站界标以及警冲标。

(5)调车进路和列车进路一样，也要有一定的范围(与列车进路相比较短)才能对它进行防护。调车进路的始端是由防护该调车进路的调车信号机和出站兼调车信号机开始，终端则视具体情况而定。

由于调车作业的需要，往往需要开放同方向的几架调车信号机才能到达调车作业的目的，这样的需要连续开放几架同方向调车信号机的调车进路称为长调车进路(复合调车进路)，它是由两条或多条调车基本进路所构成。所谓长者系指由几条调车基本进路构成而言，并非指调车进路的实际长度，因此也可称复合调车进路。举例说明，如图 6-2 所示。由编组场向牵出线调车时，需要同时开放 D_5 和 D_{21} 两架调车信号机。在这条长调车进路中 D_5 信号机既是后一条调

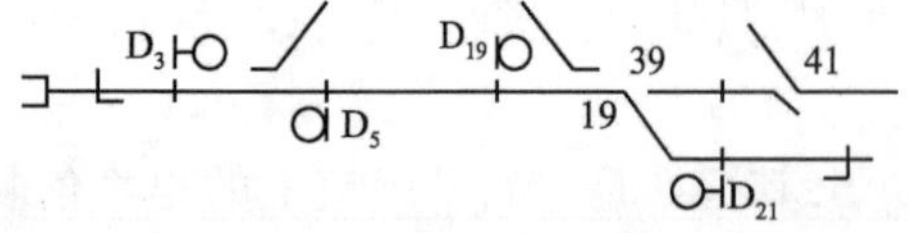

图 6-2　进路的划分举例

车进路的始端,又是前一条调车进路的终端。

3. 进路的状态

进路有建立和未建立之分。通常我们说建立了进路,即指利用该进路排列了进路;没有建立进路,即指没有利用该进路排列进路。我们称前者为进路处于锁闭状态,称后者为进路处于解锁状态。

进路处于锁闭状态后,该进路上的道岔被锁闭在规定位置上,不能转换位置,防护该进路的信号机才能开放,列车才可能在该进路上运行,当列车运行通过该进路后,该进路将被解锁而处于解锁状态。

当进路处于解锁状态时,由于进路上的道岔随时有转换位置的可能,列车在该进路上运行将极其危险,因而一般不允许列车在没有锁闭的进路上运行。

4. 联锁表

信号机、道岔、进路三者之间的联锁关系,可用联锁表表示。联锁表是说明车站信号设备联锁关系的图表。联锁表中表示出了进路、道岔、信号机之间的基本联锁内容。它是联锁设备开通试验时作为检查车站联锁设备之间联锁关系的主要依据。

联锁表是依据车站信号平面布置图展示的线路、道岔、信号机以及轨道区段等情况,按照规定的原则和格式编制出来的。

编制联锁表,应以进线为主体;把排列进路需要顺序的按钮、防护该进路的信号机名称和显示、进路要求检查并锁闭的到道岔和位置、进路应检查空闲的轨道区段名称、以及所排进路相敌对的信号,按规定逐一填写。

编制联锁表时,先填写方向栏。方向栏应注明进路的性质和方向。进路性质分列车进路和调车进路,当进站信号机外方制动距离内有接车方向的长大下坡道时,还有接车进路的延续进路。进路方向分接车方向和发车方向。联锁表的列车进路按咽喉区分别编制,一般按下行咽喉(也称上行方面)后填上行咽喉(也称下行方面)。在方向栏内以填写方向名称为宜,特别当一个咽喉有两个及以上接发口时。例如:站场下行咽喉有两个接发车口,即北京方面和东郊方面,在方向栏中,下行咽喉的列车进路是按北京方面和东郊方面分别填写的。至于联锁表的调车进路,由于调车信号机名称已表明调车进路属于哪一个咽喉,在方向栏中就不需要再注明咽喉名称了。

在进路栏内逐条填写集中区内的进路。填写列车进入某股道时,记作"至×股道",列车子某股道发车时,记作"由×股道";通过进路记作"经×股道向××"方面通过。调车车列由 $D_{\times\times}$调车信号机或 $S_{\times\times}$出站信号机调车时,记作"由 $D_{\times\times}$"或"由 $S_{\times\times}$";调车至某顺向调车信号机时,记作"至 $D_{\times\times}$";调车至某股道时,记作"至×股道"。向尽头线、专用线、机务段、双线出站口等处处调车时,分别填记各线向集中区调车的信号机名称,记作"向 $D_{\times\times}$";当进站信号机内方仅能作调车终端时(例如 $\times_d$),记作"至 $\times_d$",填写延续进路,应将下坡道的一端向某股道接车进路的延续进路逐条列出。

一般仅列出列车及调车的基本进路。在较大的车站,当列车进路存在两种以上方式时,一般列出一条变通进路作为第二种方式,需要时也可列出第三、第四……种方式。这时,在列车基本进路的进路方式栏内填写"1";在提供的列车变通进路的进路方式栏内填写"2"、"3"……对于只有一种方式的列车及调车进路,在进路方式栏内不作填写。

经检查没有遗漏后,所有进路按顺序编号,填写在进路号码栏内。通过进路不另编号,将接、发车进路的号码写成分数,填入进路号码栏。如接车进路号码为"5",发车进路号码为

"62",由其构成的通过进路号码,记为"5/62"。延续进路也不另编号,由两个数字组成,前一个数字为接车进路的号码,后一个数字该接车进路的延续进路序号,两位数字用短横线连接起来。例如"3-2",表示进路3的第2条延续进路。

防护该进路的信号机名称和显示应填写在信号机栏内。当信号机附有进路表示器时,还需将"左"、"中"、"右"填在信号机栏内,表示进路表示器的状态,如超过三个方向时,则应填写"1"、"2"、"3"、"4"……。

二、进路建立的实现原则

进路建立是指进路开始办理,到防护该进路的信号机开放这一阶段,主要分为以下几个操作步骤:

(1)进路元素的可行性检查。

(2)进路元素的征用。

(3)进路监督及开放信号。

1. 进路元素的可行性检查

进路元素的可行性检查由联锁计算机完成。该计算机首先检查所选进路的始端、终端信号机构成的进路是否为设计的进路,然后检查所选进路中的元素。检查内容包括:

(1)进路中的道岔没有被其他进路或人工锁闭在相反的位置上。

(2)进路中的道岔或轨道区段没有被封锁禁止排列进路。

(3)进路中的信号机没有被反方向进路征用。

(4)道岔或监控区轨道电路没有被进路征用。

(5)进路上的其他区段没有被其他反方向的进路征用。

进路元素的检查顺序为:从终端信号机开始,一个元素接一个元素地检查到始端信号机。

2. 进路元素的征用

进路元素的征用是指元素被该进路选用以后,在这些元素解锁之前,一般情况下,其他任何进路将不能使用。如果进路有效,进路元素通过了可行性检查,将对这些元素进行征用,即:

(1)进路中所有处于与进路要求位置相反位置上的道岔必须进行转换,并且把所有道岔锁闭在进路要求的位置上。

(2)进路中的所有轨道区段和信号机被解锁之前,其他进路不能征用。

(3)要求提供侧面防护。

(4)要求提供保护区段或延时保护区段。

3. 进路排列

信号系统正常运行时,可利用自排功能排列进路。自排进路自动排列的条件为:

(1)ATS模式或RTU模式能正常运行。

(2)进路始端信号机的自排功能已经打开。

(3)该列车的目的地码正确。

(4)前序进路已排列。

(5)列车占用接近区段。

(6)进路的排列条件已满足。

(7)自排进路监控区段逻辑空闲(若进路的监控区段有红光带成粉红光带故障,自动排列进路不能自动排列)。

4. 追踪进路自动排列的条件

(1)进路始端信号机的追踪功能已经打开。

(2)前序进路已排列。

(3)列车占用接近区段。

(4)进路的排列条件已满足。

注意事项

列车已占用接近区段,前序进路才排列则追踪进路不能排列;当进路的排列条件暂时不满足时,信号机基础将出现粉红色闪烁,当进路的排列条件满足时,追踪进路将在30s后自动排列。

三、进路解锁

进路解锁是指从列车驶入信号机内方(驶入进路),到出清进路中全部轨道区段这一阶段。或者指操作人员接触已经建立进路的阶段。进路解锁主要分为:列车正常解锁和折返解锁。下面简单描述一下解锁过程。

1. 取消进路

取消进路是指进路建立后,因人为需要而取消该进路时的一种解锁方式,进行取消进路的操作。进路始端信号机立即自动关闭,并且根据列车的运行情况又分为立即取消进路和延时取消进路两种,在以下条件下,进路延时取消,该延时由系统自动完成:

接近区段,并且在列车占用接近区段期间,进路信号机开放过通过信号或引导信号。

进路将取消至进路中最后一列车所处的区段,剩余的进路部分由列车通过进行正常解锁。

取消进路的条件是被取消的进路的所有轨道区段被进路锁闭且进路的第一轨道区段必须逻辑空闲。

2. 正常解锁

正常解锁也被称为列车通过解锁或者逐段解锁。

正常解锁是指列车通过了进路中的轨道区段后,使进路自动解锁。检查区段是否空闲,以及列车是否通过了该区段的基本技术手段是采用轨道电路的顺序动作。但仅用一段轨道电路的动作,不能确切反映车辆通过了该区段,而必须采用多段轨道电路的顺序动作来反映列车的实际运动情况。在采用分段解锁方式时,原则上采取三段轨道电路的动作状态并配以时间参数作为解锁的条件。

3. 中途返回解锁(折返解锁)

中途返回解锁是对折返进路中没有被列车全部正常通过的区段的一种自动解锁方式。在此种情况下,列车总是在牵出后又返回,根据正常解锁的定义,折返轨将不能解锁,而需采用一种特殊解锁方式自动解锁。该种特殊的自动解锁方式称折返解锁。其目的在于:当折返进路排列后,列车沿折返进路返回,如果折返轨道出清,则牵出进路的剩余区段将自动解锁。

4. 故障解锁(强行解锁)

正常情况下,进路应随着列车驶过进路而自动逐段解锁,但由于某种故障,如轨道电路不能正常工作,区段可能不能正常解锁。因此,需要人为强行使该区段解锁,称此种人为方式为故障解锁或强行解锁。当对区段进行强行解锁时,立即关闭信号机,并根据列车的运行情况。采取延时解锁或立即解锁，只有在①进路空闲；②联锁连接正常；③接近区段空闲这几个条件全部满足时才能进行无延时解锁，否则延时解锁。

四、进路联锁

1. 进路与道岔之间的联锁

道岔有定位和反位两个工作位置，进路则有锁闭和解锁两个状态。道岔位置正确，进路才能锁闭，进路解锁后，道岔才能改变其工作位置。这就是存在于道岔和进路之间的基本联锁关系。

在排列进路时，有时应把某些不包括在进路中的道岔防护到规定位置上，称这种道岔为防护道岔。如图 6-3 所示。

因为进路是由信号机防护的，故道岔与进路之间的联锁也可以用道岔与信号机之间的联锁来描述。如图 6-4 所示。

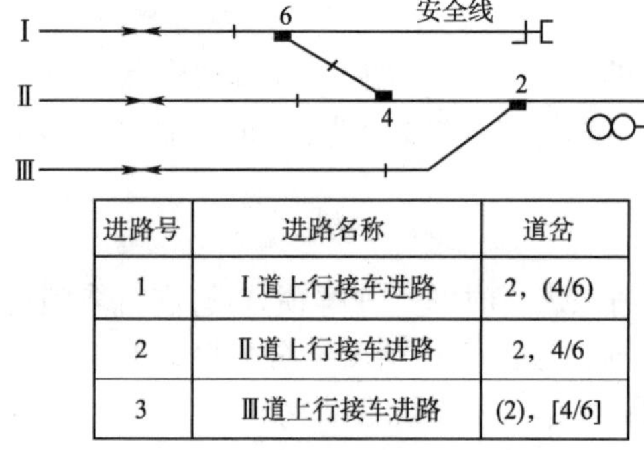

进路号	进路名称	道岔
1	Ⅰ道上行接车进路	2，(4/6)
2	Ⅱ道上行接车进路	2，4/6
3	Ⅲ道上行接车进路	(2)，[4/6]

图 6-3　防护道岔

信号机	信号机名称	道岔
X	下行进站信号机	1，(1)

图 6-4　道岔与信号机的联锁

2. 进路与进路之间的联锁

进路与进路之间存在着两种不同性质的联锁关系：一是抵触进路，二是敌对进路。

抵触进路：能够用道岔位置加以区分的两条进路。如图 6-5 所示。

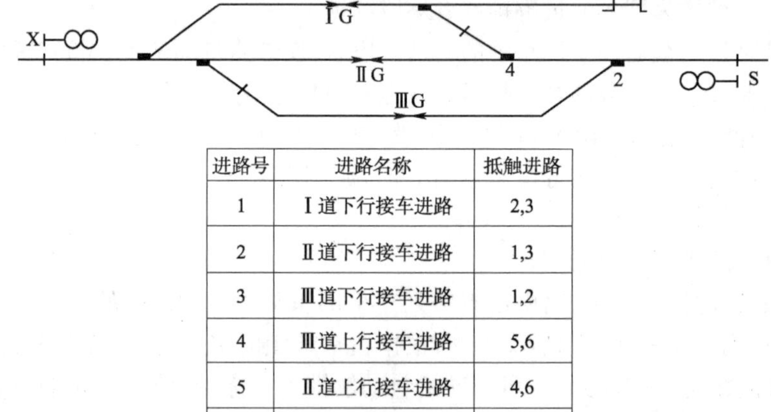

进路号	进路名称	抵触进路
1	Ⅰ道下行接车进路	2,3
2	Ⅱ道下行接车进路	1,3
3	Ⅲ道下行接车进路	1,2
4	Ⅲ道上行接车进路	5,6
5	Ⅱ道上行接车进路	4,6
6	Ⅰ道上行接车进路	4,5

图 6-5　抵触进路举例

敌对进路：既不能用道岔位置加以区分，也不能同时排列的两条进路。如图 6-6、图 6-7 所示。

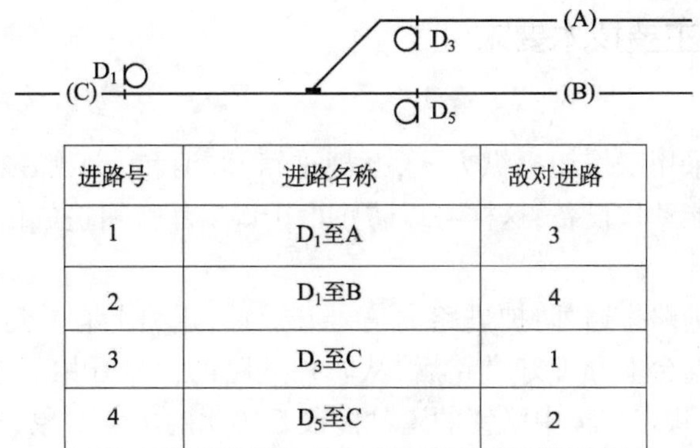

进路号	进路名称	敌对进路
1	D_1至A	3
2	D_1至B	4
3	D_3至C	1
4	D_5至C	2

图 6-6　同一咽喉区的敌对进路

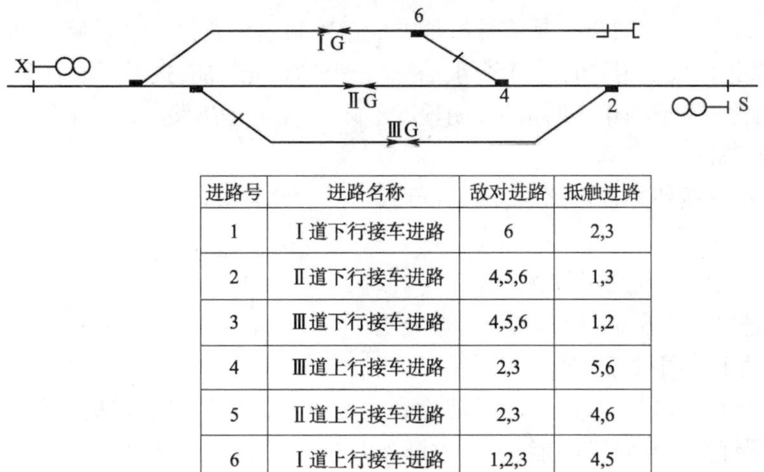

进路号	进路名称	敌对进路	抵触进路
1	Ⅰ道下行接车进路	6	2,3
2	Ⅱ道下行接车进路	4,5,6	1,3
3	Ⅲ道下行接车进路	4,5,6	1,2
4	Ⅲ道上行接车进路	2,3	5,6
5	Ⅱ道上行接车进路	2,3	4,6
6	Ⅰ道上行接车进路	1,2,3	4,5

图 6-7　不同咽喉区的敌对进路

3. 进路与信号机之间的联锁

进路与进路之间的联锁关系，可用进路与信号机之间的联锁关系来描述。在进路较多时，这样表述比较直观，不需要从进路号码中查找进路名称。如图 6-8 所示。

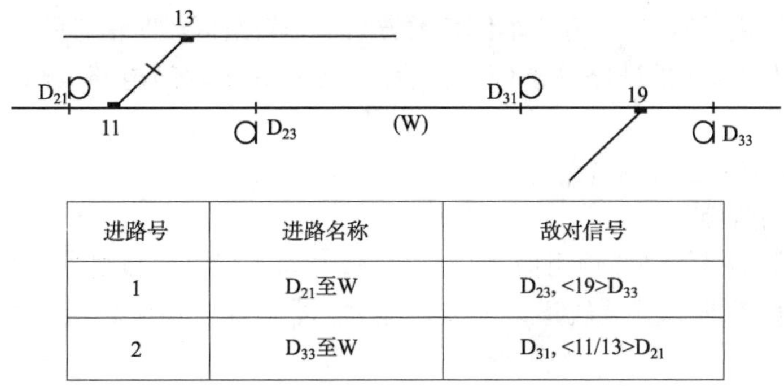

进路号	进路名称	敌对信号
1	D_{21}至W	D_{23}, <19>D_{33}
2	D_{33}至W	D_{31}, <11/13>D_{21}

图 6-8　进路与信号机之间联锁

4. 信号机与信号机之间的联锁

进路和进路之间的连锁可以用进路和信号机间的联锁来描述。那么，同样也可以用信号机与信号机间的联锁关系来描述。

五、联锁设备的主要技术要求

1. 基本操作原则

车辆段联锁设备采用双按钮操纵方式，办理进路、取消和人工解锁进路、单独操作道岔都要按压两个按钮才能动作设备，这样可以防止由于误操作按钮造成信号设备错误动作。

2. 进路锁闭

进路锁闭指的是进路排通、防护进路的信号开放后，进路上有关道岔不能转换，有关敌对信号不能开放。控制台上办理好进路后，从防护进路的信号开始至进路的终端显示白光带，称该进路处于锁闭状态。集中联锁的道岔区段是锁闭的主要对象，进路锁闭的实质是由构成该进路的各轨道区段的锁闭构成的。

3. 接近区段的规定

进路的接近区段，一般指的是信号机外方的第一轨道电路区段。进路排通、防护进路的信号开放后，接近区段空闲时的进路锁闭又称为进路的预先锁闭，接近区段有车占用时的进路锁闭又称为进路的接近锁闭。进路的锁闭程度不同，人工办理进路解锁时采用的方式也不同。

4. 信号的开放

控制台上操纵按钮办理进路后，满足下列条件信号即可自动开放：

(1)进路空闲。

(2)有关道岔转换至规定位置。

(3)敌对进路未建立。

(4)进路处于锁闭状态。

信号机应设灯丝监督装置，不间断地检查正在点亮的灯泡灯丝的完整性。信号点灯电路应具有主、副灯丝自动转换功能，主灯丝断丝后能自动转换至副灯丝继续点亮灯光，室内控制台上有相应的灯光和声音报警装置。

5. 信号的关闭

已经开放的信号，在下列情况应能自动关闭：

(1)列车信号：当列车进入该信号机内方第一个轨道区段时。

(2)调车信号：当调车机车车辆全部越过开放的调车信号，即出清调车进路接近区段。若接近区段留有车辆，则车列出清调车信号内方第一个轨道区段时信号关闭。

(3)当信号显示与防护进路的条件不符合时(如进路上轨道电路故障、道岔位置改变，或信号灯丝断丝等)。

(4)办理取消或人工解锁进路时。

6. 进路的自动解锁

进路的自动解锁是指进路锁闭信号开放后，随着列车越过信号机进入进路或调车机车车辆的牵出、折返，进路上有关轨道区段自动解锁，控制台上相应轨道区段的白光带自动熄灭。

进路的自动解锁根据电路动作的特点不同，包括两种情况：

(1)正常解锁，也称为逐段解锁，即列车或调车机车车辆顺序占用和出清进路的各轨道区段后，进路上的轨道区段自动顺序解锁。

(2)调车中途返回解锁：在调车过程中，调车机车车辆未压上或部分压上的轨道区段，能够随着调车机车车辆的折返而自动解锁。

7. 人工办理解锁进路及解锁轨道区段

人工办理解锁进路指的是进路建立后，不经列车或调车机车车辆运行，经人为操作将进路解锁。

(1)当进路处于预先锁闭时，办理“取消解锁”，可将进路解锁。

(2)当进路处于接近锁闭时，须办理“人工解锁”，才能将进路解锁。

当进路处于接近锁闭办理人工解锁进路时，进路需经过 3min 或 30s 的延时才能解锁。设置延时解锁，是为了防止解锁原有进路改办其他进路时，处于接近区段的列车或调车机车车辆可能由于停车不及时冒进信号而压上正在转换的道岔。延时能够确保列车或调车机车车辆有足够的停车时间。

8. 道岔的锁闭

除进路锁闭外，联锁道岔还有以下锁闭方式：

(1)区段锁闭：道岔区段有车占用时，区段内有关道岔不能转换，称为区段锁闭，此时控制台上有关道岔区段显示红光带。

(2)单独锁闭：即利用控制台上道岔按钮断开道岔控制电路，使该道岔不能转换。对道岔进行单独锁闭后，控制台上该道岔表示灯显示红灯。

(3)故障锁闭：即在故障情况下道岔区段被锁闭，此时控制台上有关道岔区段显示白光带。例如，列车经过进路后，由于分路不良使部分轨道区段不能解锁，控制台遗留有白光带。

联锁道岔受到上述任一种锁闭时，应保证机车车辆通过道岔时，道岔不能起动。

上述锁闭方式均属于对道岔进行电气锁闭，即通过断开转辙机的控制电路，使转辙机不能转换。除上述锁闭方式外，当设备故障时，为保证行车安全，使用钩锁器对道岔进行现场加锁以及钉固道岔等都是车务部门常用的锁闭道岔方式。

9. 道岔的转换

在不受上述任何一种锁闭的条件下，联锁道岔允许单独操纵，根据在控制台上的操作，能够进路式选动。但单独操纵优先于进路式选动，在进路式选动过程中，如果尖轨转换遇阻不能转换到底时，为保护电动机，允许单独操纵转回原来位置。

10. 引导接车

办理列车进段时，当有关信号机、轨道电路或道岔等故障时，进段信号不能正常开放，应使用引导接车的方式将列车接入车辆段内。

知识点2　车站信号联锁系统

铁路运输是以铁路线路、站场、信号等固定设备和铁路机车车辆等移动设备为基本设备，以车站为运输生产基地的实现旅客和货物运输系统。包括基本设备的管理和维修系统、行车组织系统、通信联络系统和行车指挥系统。其中的行车指挥系统的主要技术装备是铁路信号系统，简称铁路信号。

在铁路信号系统中，控制车站内的道岔、进路和信号机，并实现它们之间的联锁关系的系统称为车站信号联锁系统。车站信号联锁系统是保证站内行车安全、提高铁路运输效率、改善行车人员劳动条件、指挥列车按运行计划行车的重要技术装备。车站信号联锁系统的功能、体系结构、技术应用和操作方式等各个方面都在不断地演变和完善、发展和改革，现代的联锁系统是以色灯信号机、动力转辙机和轨道电路作为室外三大基础设备，以电气设备或电子设备实现联锁功能，并采取集中控制方式对信号机和道岔进行控制的系统。目前主要采用电气集中联锁系统和计算机联锁系统。

一、电气集中联锁系统现状

车站联锁系统是以技术手段实现进路控制或联锁的。联锁系统应包括信号机控制、道岔控制、进路空闲检测、联锁方法及故障—安全等技术手段。由于铁路运输发展的需要和科学技术的进步，铁路车站信号联锁技术也在不断地发展和完善。现已经历电锁器联锁设备到电气集中联锁设备两个阶段，并正向计算机联锁阶段过渡。当前应用最为广泛的是电气集中联锁系统，其以继电器及其电路为主实现车站联锁功能，在我国车站电气集中联锁系统主要采用6502电气集中联锁系统。电气集中系统主要由室外信号机、轨道电路、室内联锁继电器电路、控制台、电源以及这些设备之间的连接电路设备所组成。

根据系统各主要部分的功能分工和设置地点的不同，系统的一般层次结构如图6-9所示。在6502电气集中车站联锁系统中，图中的人际会话层是控制台，操作人员通过操作控制台上的按钮向联锁机构输入操作信息和接受连锁机构输出的反映设备工作状态和行车作业情况的表示信息，联锁机构是指实现联锁功能的继电器及其电路，联锁机构是联锁系统的核心，必须具有故障—安全性能。联锁机构除了接受来自人机会话层的操作信息外，还接受来自监控层的反映信号机动力转辙机、轨道电路状态的信息。联锁继电器电路的功能即根据联锁需要，对操作信息和状态信息以及联锁机构当前的内部信息进行处理，改变内部信息，产生相应的输出信息，即道岔控制命令和信号控制命令，并交付监控层的中心电路予以执行。联锁系统的监控层包括道岔控制电路、信号点灯电路、轨道电路等，它的主要功能是接受来自联锁层的控制命令，经过信号点灯电路控制信号机的显示，经过道岔控制电路控制道岔转换道岔位置，向联锁机构传输信号状态信息、道岔状态信息和轨道电路状态信息。其中道岔控制电路和信号点灯电路必须是故障—安全的。

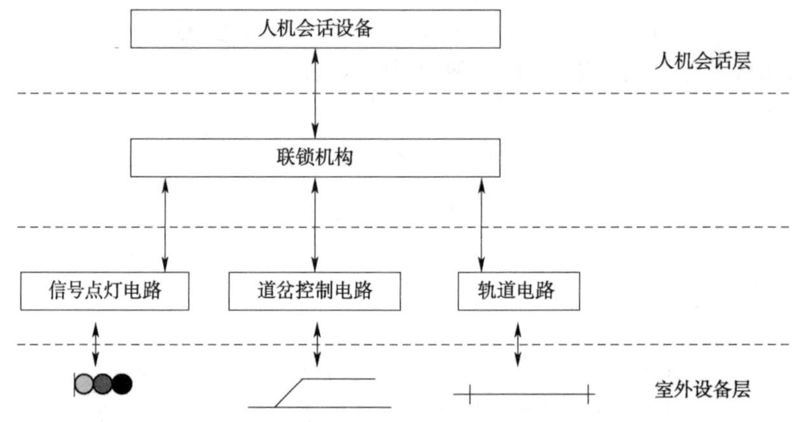

图6-9　联锁系统一般层次结构图

继电器电气集中联锁系统自1929年问世以来，经过不断的改进，已具有了较完善的保证运输安全的联锁功能，联锁电路由继电器电路构成，模块化和定型化程度高，设计、施工和维护较简单，由于采用了动力转辙机、色灯信号机和轨道电路等设备，可以集中在信号楼办理进路，既节省了可办理进路的时间，又改善了劳动条件，因此是一种保证行车安全、提高运输效率和改善劳动条件的自动化程度较高的现代化设备。

总结电气集中联锁系统的特点如下：

(1)由继电器电路来实现信号、道岔和进路之间的联锁关系。

(2)以安全型继电器为主要控制器件,并把它们集中放在信号楼内。

其优点是:性能比较稳定、在保障铁路行车安全、提高效率方面起到良好的作用。

其缺点是:

(1)功能不够完善,特别是人机对话功能贫乏,比较难于增加或扩展其他功能。

(2)不便于和现代化的信息处理系统相连接。例如:用计算机实现的旅客向导系统、计算机辅助运输控制系统、调度集中系统、调度监督系统、调度专家系统等不能利用标准化的通信接口板、网卡与之相连接。

(3)经济方面,大规模集成电路价格日趋下降而专用的继电器价格日趋上涨。且电气集中系统标准化程度比计算机联锁系统低,维修工作量大。

二、计算机联锁系统的产生

自20世纪70年代以来,由于微型计算机的问世,以及容错理论和可靠性技术的发展,激励人们利用计算机来构成计算机联锁系统,在世界上一些发达国家相继开展了计算机联锁系统的研究和使用。在我国计算机联锁系统的研制工作在20世纪80年代开始进行,1984年北京通信信号研究设计院的计算机联锁系统试验设备安装在南京梅山矿井下,并于1984年7月通过冶金部科技司和原铁道部电务部的联合技术鉴定。铁道部科学研究院通信信号研究所研制的驼峰编组场尾部计算机联锁系统于1989年郑州北上行驼峰尾调车区投入使用,并于12月通过原铁道部的技术鉴定,后来北京交通大学、兰州交通大学等分别研制的计算机联锁系统在冶金、钢铁等行业得到了应用。1990年原铁道部科技司对中国通号研究设计院和中国铁道科学院研究院通信信号所批准立项,进行车站计算机联锁系统的研制和开发,并于1994年分别在哈尔滨局平房站和上海交通局开通使用,这是我国铁路首次将计算机联锁系统用于客货列车通过的车站。初步统计1990年~1996年7月开通了53站,1997年~1998年2月开通153站,到2002年,国铁共上了511站。其中铁科院345站,通号研究设计院92站,卡斯柯信号有限公司34站,北京交通大学16站,以及一些进口的24站。

我国车站信号计算机连锁系统的发展基本上分为四个阶段:1984年~1989年为起步阶段:1990年~1996年为试验发展阶段:1997年~1998年为无序发展阶段;1999年开始为整顿、规范阶段:目前基本上进入了平稳、有序、正常发展阶段,并且我国铁路的车站信号计算机联锁的应用与发展已进入了一个新时期。

三、计算机联锁系统的构成特点

1. 计算机联锁系统的层次结构

计算机联锁系统的人机会话层的接口设备既可采用计算机联锁专用控制台,也可采用同的计算机人机接口设备如鼠标、数字化仪、键盘以及显示器等。

计算机联锁系统的联锁机构是由工业控制计算机构成的,简称工控机,来完成联锁逻辑运算功能。

计算机联锁系统的监控电路在我国基本上采用与6502相同的继电器电路,增加继电器与联锁机构的接口电路。因为监控电路是和室外设备相联系的,必须考虑故障—安全问题和功率以及防雷问题。

计算机联锁系统的室外设备与电气集中联锁设备基本相同。

2. 计算机联锁系统的构成特点

(1)计算机联锁系统的实时控制特点。

计算机联锁系统是计算机实时控制系统的一个实例。

实时控制系统是指在限定的时间内对外来信息能够做出反应的系统。即如果一个计算机系统要在确切的时间内从外部系统输入数据,并向他发送数据,或者进行其他的处理,该系统就是一个计算机实时控制系统。计算机控制系统的主要特点如下:

①实时性:这是实时计算机系统区别于其他计算系统的关键特点。

②现场信号的输入和输出控制能力。计算机需要直接从现场采集各种信号,并对这些信号进行处理然后把结果输出到显示器或执行机构。

③高可靠性:因为该系统直接控制输出结果,一旦计算机系统发生故障,如果没有相应的冗余措施会造成重大损失,因此系统必须是高可靠性的。

④可维护性:因为该系统的故障直接控制输出结果,因此系统设计时必须考虑维护性,可维护性的另一层意思是系统的部分改变可以适应现场的变化,即故障导向安全。

⑤其他特点:实时计算机控制系统一般要求允许工作环境比较恶劣,如温度高、湿度大、抗冲击、抗震动等。

目前的计算机联锁系统基本上包括了以上计算机实时系统的各种特点。

(2)计算机联锁系统用计算机代替继电器电路构成联锁机构的原因如下:

①计算机的逻辑运算功能与继电器逻辑电路具有共同的理论基础。

②由于可靠性技术和容错技术及安全技术的发展使得可以利用计算机实现联锁控制功能。

③工业控制计算机商品化,为保证系统的可靠性和降低成本提供了有利的条件。

④为铁路信号向智能化和网络化方向发展创造了条件。

(3)计算机联锁系统用计算机取代继电器电路具有以下特点:

①减少继电器检修工作量。

②减少系统的设计、施工和维修的工作量。

③减少建筑使用面积。

④当采取了必要的提高系统的可靠性和安全的技术措施后,系统的可靠性和安全性将得到提高。

⑤便于改造。

⑥便于增加新功能。

(4)计算机联锁系统可靠性和安全性特点如下:

①计算机联锁机构一般采用多台工控机构成的高可靠性联锁机构。

②为使联锁计算机具有故障—安全性能,在计算机联锁机构中采用一系列硬件技术保障措施,例如:涉及行车安全的信息代码在输入、输出、传输、存储、处理的过程中,如果因故障或干扰而发生畸变时,能够被检测出来,或者变成安全侧代码的概率极大。涉及行车安全的信息代码,在传输过程中,不至于因故障或干扰而到达错误的目的地,或者迷路的代码能被检测出来。代码产生畸形或迷路时,系统不得产生危险侧输出。

③为使联锁计算机具有故障—安全性能,计算机联锁系统的软件必须做好各方面的工作实现软件功能的安全性。例如:参考既有的连锁技术条件和当前电气集中连锁系统的功能,深入、周密和详细地总结计算机联锁系统应实现的联锁需求和逻辑运算。按照软件工程的要求编写联锁软件。对连锁软件进行详细的测试。连锁软件必须是标准化和模块化的以

适应各种车站的要求和不同功能的需求。

总之，应用计算机联锁可以提高联锁系统的可靠性和安全性，以计算机为核心，综合利用有关技术，采用一些必要和有效的技术措施，应用通用的计算机构成高可靠性的系统，才能使一般计算机具有联锁计算机系统应具备的性能。

知识点3　计算机联锁设备

下面以应用广泛的TYJL－Ⅱ型计算机联锁系统为例介绍计算机联锁设备组成。TYJL－Ⅱ型计算机联锁系统结构如图6-10所示。

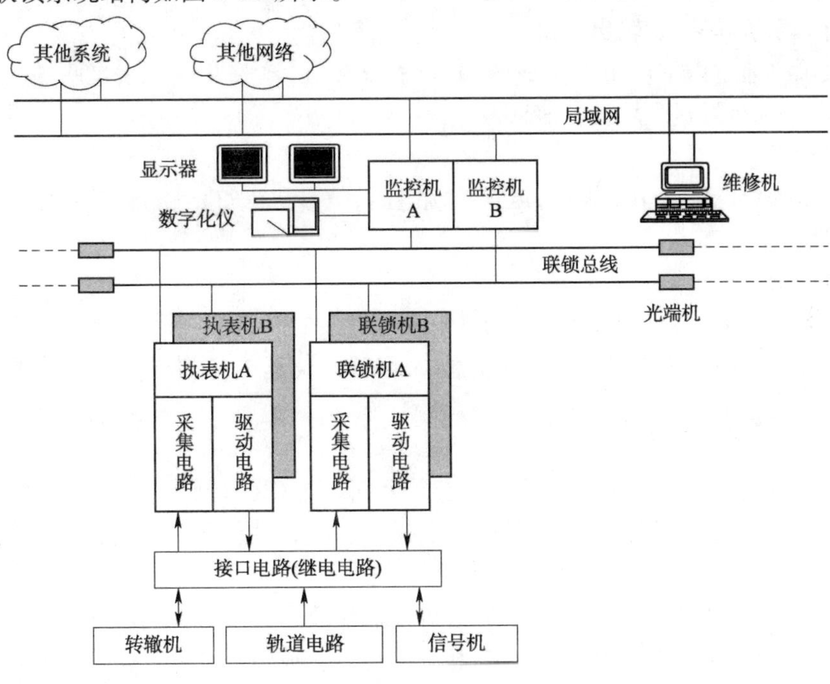

图6-10　TYJL－Ⅱ型计算机联锁系统结构

目前通过中国铁路总公司技术鉴定的有：

(1)铁科院通号所的TYJL－Ⅱ型双机热备结构计算机联锁系统和关键部件采用美国三取二安全计算机的TYJL－TR9型计算机联锁系统。

(2)通号研究设计院的DS－Ⅱ型双机热备结构计算机联锁系统和关键部件采用日本京三公司二取二安全计算机的DS6－K5B型计算机联锁系统。

(3)北京交大微联公司的JD－1A型双机热备结构计算机联锁系统和关键部件采用日本信号株式会社专用计算机系统的E132－JD型计算机联锁系统。

(4)卡斯柯信号有限公司的CIS－Ⅰ型双机热备结构计算机联锁系统和VPI型双机热备结构计算机联锁系统。

一、系统的结构

1. 操纵显示设备

计算机联锁的操纵显示设备有多种形式：数字化仪加显示器、鼠标加显示器以及控制表示合一的控制台等多种形式，其主要功能是供值班员办理各种行车命令，提供站场图形显示、语音和文字提示等。

2. 监控机

监控机的主要功能是作为人机接口,一方面接收来自控制台的操作命令和向控制台提供图像显示、语音、文字等信息,另一方面与联锁机进行信息交换,向联锁机提供初选的操作命令并接收来自联锁机的道岔、信号、轨道电路等表示信息。除上述外,监控机还向其他系统,如电务维修机、调度监督系统等提供站场信息。

3. 联锁机

联锁机是计算机联锁系统的核心,根据现场信号设备状态和控制台操作命令,实现信号设备的联锁逻辑处理功能,完成进路确选和锁闭、发出转换道岔和开放信号等控制命令。

4. 执行表示机和输入/输出接口

执行表示机通过由继电电路构成的输入/输出接口,接收并执行来自联锁机的控制命令,采集并向联锁机发送现场设备信息。

5. 现场设备

现场设备保留电气集中的设备,道岔控制电路、信号机点灯电路、轨道电路等仍采用现有的成熟电路。

6. 其他设备

计算机联锁除上述设备外,还包括与其他系统连接的网络、电务维修机等设备。其中电务维修机能够再现一月之内系统的操作信息、故障诊断信息等,为维修工作提供便利。

二、主机的结构和维护

系统至少由三个各自独立的、相同的、对命令同步工作的计算机(通道1,通道2,通道3)组成(图6-11)。过程数据由三个通道输入、比较和同时进行处理。只有当两个或者三个通道的处理结果相同时,结果才能输出。如果其中一个通道故障,另外两个通道会继续工作。独立于数据流的在线计算机功能检查可确保偶然故障的及时检出。这一检查在一定的周期内完成一次,一旦检出了第一个故障,相关的通道会被切除。电子联锁计算机按照二取二系统方式继续工作。只有当又一个通道发生故障时,系统才会停止工作。

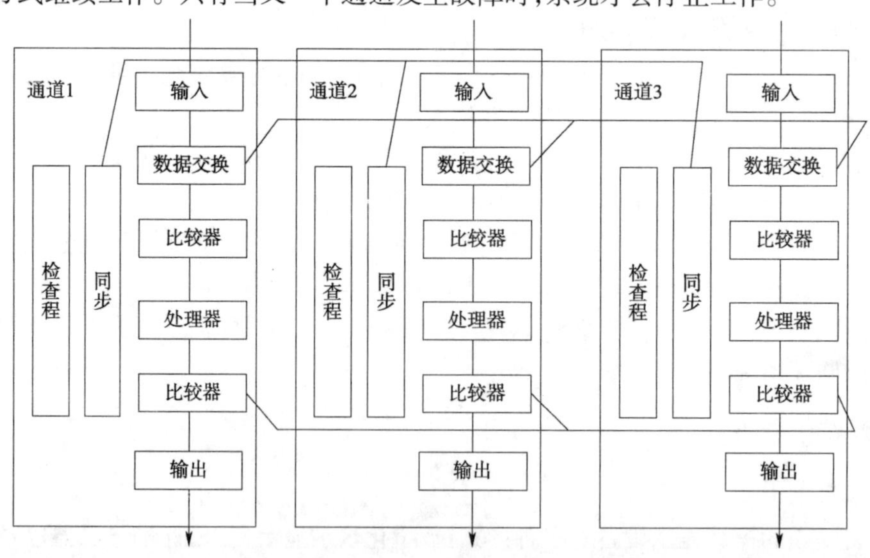

图6-11　三取二系统工作原理

三、人机界面简介

1. LOW 的组成

局域操作员工站 LOW 是由一台主机，一台显示器，一台记录打印机，一个键盘，一只鼠标和一对音响组成。

2. 显示界面

显示器屏幕上由三个窗口组成，分别为基础窗口、主窗口和对话窗口。每个窗口的排列是固定的。

3. 联锁命令

联锁命令主要有以下命令类型：

R 为常规命令；K 为安全相关命令；W 为维修命令。具体命令含义见表 6-1 ~ 表 6-6。

进路联锁命令 表 6-1

按钮缩写	命令含义	命令类型	现象
自排全开	全部信号机处于自动排列进路状态	R	所有信号机的编号变绿；“自排全开”变绿
自排全关	全部信号机处于自动排列进路状态	R	所有信号机的编号变红；“自排全开”变红
追踪全开	全部信号机处于联锁自动排列进路状态	R	所有有追踪功能的信号机的编号变黄；“追踪全开”变绿
追踪全关	全部信号机处于取消联锁自动排列进路状态	R	所有有追踪功能的信号机的编号变红；“追踪全开”变红
关闭信号	关闭联锁区全部信号机，并封锁	R	所有信号机室外点红灯；头部变蓝色
交出控制	向 OCC 交出控制权	R	车站标记绿闪
接受控制	从 OCC 接受控制权	R	车站标记变绿
强行站控	车站强行从 OCC 取得控制权	K	车站标记变绿

轨道对话联锁命令 表 6-2

按钮缩写	命令含义	命令类型	现象
封锁区段	禁止通过该区段排列进路	R	轨道表示中间段变为蓝色或蓝闪
解封区段	允许通过该区段排列进路	K	蓝色或蓝闪消失
强解区段	解锁进路中的该区段	K	绿色或绿闪经过 30s 后消失或立刻消失
轨区逻空	把区段设为逻辑空闲	K	由粉红色变为黄色
轨区设限	设置轨道区段的限速	K	出现红色限速值
轨区消限	取消轨道区段的限速	K	限速值消失
列车换向	指示 ATP/ATO 进行列车及时端的切换	ATP/ATO	
终止站停	取消运营停车点	K	停车点由红变绿

轨道对话联锁命令 表 6-3

按钮缩写	命令含义	命令类型	现象
单独锁定	锁定单个道岔，阻止转换	R	道岔标记变为红色
取消锁定	取消对单个道岔的锁定，道岔可以装换	K	道岔标记变为白色

续上表

按钮缩写	命 令 含 义	命令类型	现　　象
转换道岔	装换道岔	R	道岔后一侧由黄色变为深黑;道岔后一侧由深黑变为黄色
强行转岔	轨道区段占用时强行装换道岔	K	道岔后一侧由红变为深黑;道岔后一侧由深黑变为红色
封锁道岔	禁止通过道岔排列进路	R	出现部分蓝色
解封道岔	允许通过道岔排列进路	K	蓝色消失
强解道岔	解锁进路上的道岔	K	绿色经 30s 后消失或立刻消失
岔区逻空	把道岔区段设置 Wie 逻辑空闲	K	由粉红色变为黄色
岔区设限	对道岔区段设置限速	K	出现红色限速值
岔区消限	取消对道岔区段的限速	K	限速值消失
挤岔恢复	取消挤岔逻辑标记	K	岔后长闪变为稳定光

信号机对话联锁命令　　表 6-4

按钮缩写	命 令 含 义	命令类型	现　　象
开放引导	开放引导信号	K	信号机机身变为黄色
关单信号	设置信号机为关闭状态	R	信号机机身变蓝色,头部变红
封锁信号	封锁在关闭状态下的信号机	R	信号机头部闪蓝色
开放信号	设置信号机为开放状态	K	信号机机身和头部为绿灯
解封信号	取消对关闭状态下的信号机的封锁	K	信号机头部蓝色消失
自排单开	设置单个信号机处于自动排列进路状态	R	信号机标记变绿;“自排全开”变绿
自排单关	设置单个信号机处于人工排列进路状态	R	信号机标记变红
追踪单开	单个信号机由联锁自动排列进路	R	信号机标记变黄;“追踪全开”变绿
追踪单关	单个信号机取消由联锁自动排列进路	R	信号机标记变红

进路对话联锁命令　　表 6-5

按钮缩写	命令含义	命令类型	现　　象
排列进路	排列进路	R	道岔/轨道表示变绿; 保护区段变绿; 道岔转换位置; 有关道岔的标号出现方框; 信号机全绿
取消进路	取消进路	R	立即或信号机底座经 30s 闪后有一下显示: 信号机机身变红; 道岔/轨道表示变为黄色; 保护区段变为黄色

车站对话联锁命令　　表 6-6

按钮缩写	命令含义	命令类型	现　　象
关站信号	关闭车站所有信号机并锁闭	R	信号机头部变蓝; 本站所有信号机室外点红灯

知识点4　6502电气集中联锁

继电联锁电路有过多种制式，几经修改完善，6502电气集中被认为是较好的定型电路，得到广泛应用。

电气集中联锁设备分为室内和室外两部分，信号楼内设有控制台、继电器组合及组合架、电源屏、区段人工解锁盘和分线盘。室外有色灯信号机、电动转辙机、轨道电路和地下电缆。

室内设备由以下部分组成：

(1)控制台。控制台设置于运转室内，盘面由带有按钮及表示灯的单元块拼装而成，用光带单元(每个光带单元可显示红色和白色两种灯光)组成模拟站场线路图形。值班员利用控制台盘面上的按钮操纵全站联锁区域内的道岔，排列进路，开放和关闭信号，并且通过控制台盘面上的表示灯，监督道岔位置、线路占用情况及信号显示状态。

(2)继电器组合及组合架。6502电气集中联锁电路由若干种继电器定型组合构成，每个定型组合电路均包含若干固定的继电器，称为继电器组合，完成相应联锁功能。一般每个组合可以安装十个继电器，这些组合按设计要求安装在组合架上。

(3)电源屏。电气集中联锁车站应有可靠的供电电源，以保证不间断供电。在车站机械室内设置有电源屏，提供电气集中联锁需要的各种交、直流电源及闪光电源等。

(4)分线盘。分线盘一般设置于继电器室内，实现室内外设备相互间的电气连接。

室外设备有信号机、转辙机、轨道电路和电缆及电缆盒。

任务一：6502电气集中联锁操作

任　务　单

项目名称	联锁系统	任务名称	6502电气集中联锁操作
训练目的	1. 掌握6502电气集中联锁操作方法。 2. 掌握采用6502电气集中联锁设备时《行车组织规则》有关规定		
实验工具	6502电气集中控制台		
方法步骤	6502电气集中基本操作： (1)列车进路的办理 ①接车进路：先按压进路始端按钮，后按压进路终端按钮。 ②发车进路：先按压进路始端按钮，后按压进路终端按钮。 ③通过进路： a. 一次性办理：先按压通过按钮，后按压通过进路终端按钮。 b. 分段办理：先办理正线发车进路，后办理接车进路。 例：X-ⅠG接车，先按压XLA，后按压SⅠLA。 ⅢG向东郊发车：先按压SⅢLA，后按压XDLA。 下行通过进路： a. 一次性办理：先按压XTA，后按压XLZA； b. 分段办理：依次按压XⅠLA、XLZA、XLA、SⅠLA。		

方法步骤	(2)调车进路的办理 ①选排以并置(或差置)调车信号机为阻拦信号的调车进路:先按压进路始端按钮,后按压进路终端反方向调车按钮。 ②选排以单置调车信号机为阻拦信号的调车进路:先按压进路始端按钮,后按压单置阻拦信号按钮。 例:D1-D15:D1DA、D5DA; SⅠ-D7:SⅠDA、D9DA; D11-D13:D11DA、D13DA。 ③选排长调车进路:一次性办理,先按压长调车进路的始端按钮,后按压长调车进路最后终端的终端按钮。 ④分段办理依次按压:先办理最远的进路,后办理近处的进路。长调车进路的分段办理需由远至近分段办理。 ⑤选排以股道、牵出线、专用线、接发车口为进路终端时:先按压进路始端按钮、后按压股道头部的调车按钮,或牵出线、专用线、接发车口的反向调车按钮或调车终端按钮。 例:D3-ⅠG 一次性办理:D3DA、SⅠDA; 分段办理:依次按压 D13DA、SⅠDA;D9DA、D13DA;D3DA、D7DA。 S5-XD:依次按压 S5DA、XDDZA。 ⑥列车变通进路的办理 X-ⅢG 接车进路基本进路:X/LA、SⅢ/LA。 第一变通进路:X/LA、D13/DA、SⅢ/LA; 第二变通进路:X/LA、BA、SⅢ/LA。 SⅡ发车:SⅡLA、D7A(或 D9A、D13A)、SLZA。 (3)调车变通进路的办理 ①调车变通进路为长调车进路时,按分段办理方法。 ②调车变通进路上有单置反向调车按钮时,将单置反向调车按钮作为变通按钮。 例: D1-ⅡG 调车变通进路:分段 D13/DA、SⅡDA、D1A、D13/DA; ⅢG-XD 调车变通进路:SⅢ/DA、D13/DA、XD/DZA。 (4)单独操纵道岔 向反位转——同时按压该道岔 CA 和 ZFA; 向定位转——同时按压该道岔 CA 和 ZDA。 (5)接通光带——按压 TGA (6)接通道岔——按压 TCA (7)开放引导信号 进路式引导——先将道岔单独操纵到位,后按压 YA,开放引导信号。 全咽喉总锁闭式引导——先将道岔单独操纵到位,然后按压 YZSA,再按压 YA,开放引导信号。 (8)挤岔 挤岔时,报警电铃鸣响,红灯亮。按压 JCA,电铃停,道岔恢复后,电铃再次鸣响,红灯灭,拉出 JCA,电铃停。 (9)取消进路 取消进路(接近区段无车)——同时按压进路始端 A 和 ZQA,信号立即关闭,进路立即解锁。 人工解锁进路(接近区段有车)——同时按压进路始端 A 和 ZRA,信号立即关闭,进路需延时解锁,接车进路和正线发车进路需延时 3 分钟解锁,站线发车和调车进路需延时 30s 解锁。 故障解锁——同时按压 ZRA 和人工解锁按钮盘上 SGA
习题	1. 接受任务后认真处理各种指令,严格遵守关于列车、调车作业的有关规定。 2. 操作完成后认真填写实训报告,将作业步骤清晰表明。 3. 认真分析行车作业中出现的故障,及时找到解决方法

工　作　单

<table>
<tr><th colspan="2">项目及配分</th><th>实训内容及评分标准</th><th>扣分</th><th>得分</th></tr>
<tr><td rowspan="13">操作技能</td><td rowspan="9">操作程序(30分,每漏、错一项扣5分)</td><td>1. 按要求分组,选出组长</td><td></td><td></td></tr>
<tr><td>2. 在“行车设备检查登记簿”中登记</td><td></td><td></td></tr>
<tr><td>3. 办理列车进路</td><td></td><td></td></tr>
<tr><td>4. 办理调车进路</td><td></td><td></td></tr>
<tr><td>5. 操纵道岔</td><td></td><td></td></tr>
<tr><td>6. 开放引导信号</td><td></td><td></td></tr>
<tr><td>7. 处理挤岔</td><td></td><td></td></tr>
<tr><td>8. 办理取消进路</td><td></td><td></td></tr>
<tr><td>9. 作业完毕,消记</td><td></td><td></td></tr>
<tr><td rowspan="4">质量(30分)</td><td>1. 不能办理作业,每处扣5分</td><td></td><td></td></tr>
<tr><td>2. 测试记录漏项,每项扣5分</td><td></td><td></td></tr>
<tr><td>3. 不清楚办理方法(教师提问),扣10分</td><td></td><td></td></tr>
<tr><td>4. 记录不清楚,每处扣5分</td><td></td><td></td></tr>
<tr><td colspan="2" rowspan="3">工具使用(10分)</td><td>1. 操作方法错误,纠正一次,扣5分</td><td></td><td></td></tr>
<tr><td>2. 损坏器材,扣10分</td><td></td><td></td></tr>
<tr><td>3. 损坏工具、仪表,扣5分</td><td></td><td></td></tr>
<tr><td colspan="2" rowspan="3">安全及其他(10分)</td><td>1. 未按规定着装,扣3分</td><td></td><td></td></tr>
<tr><td>2. 凡发生设备报警,每次扣5分</td><td></td><td></td></tr>
<tr><td>3. 作业在30min内完成,每超1min扣2分,超过5min停止实训</td><td></td><td></td></tr>
<tr><td colspan="2">自评(10分)</td><td>意见:</td><td></td><td></td></tr>
<tr><td colspan="2">互评(10分)</td><td>意见:</td><td></td><td></td></tr>
<tr><td colspan="3">合计(100分)</td><td></td><td></td></tr>
</table>

小贴士

(1)操作6502设备应遵循怎样的操作程序?

办理进路,开放信号时应遵守“一看、二按、三确认、四呼喊”的操作程序,并执行“眼看、手指、口呼”制度。

“看”:①看设备状态;②看机车车辆所处的位置(调车);③看准所要按的按钮。

“按”:按按钮时,动作要稳定,要一按到底,时间不应少于1s,待按钮表示灯点亮后方可松手。

“确认”:确认进路白光带点亮,信号表示灯点亮绿灯(调车信号表示灯亮白灯)。

“呼喊”:口呼“××道××信号好了”。

“手指”:食指和中指并拢成剑指,指向所要按的按钮(接着按下按钮)。

“口呼”:要使用有关铁路标准规定的标准用语,口齿要清楚。口呼是一种自我感觉的协调动作,表明一项作业过程的完成或一个动作的结束。

(2)进路的始、终端按钮是如何确定的?接车进路、发车进路、通过进路和调车进路如何排列?

6502继电集中设备的特点之一是采用双按钮制,凡排列进路、单独操纵道岔、取消信号以及人工解锁进路都必须按压两个按钮后,设备才能动作,这就杜绝了误动按钮从而导致设置错误动作的可能性。

排列进路时按动按钮还必须遵循一定的顺序,才能排出所需要的进路,开放所需要的信号。

按按钮的顺序必须与列车(或车列)的运行方向一致,先按下的按钮为始端,后按下的按钮为终端。排列接车进路时先按下接车口的进站信号按钮(始端),待按钮内的表示灯点亮闪光后松手,然后再按下接车线路始端的出发信号按钮(终端)。进路排出后,从进站信号机至接车线末端显示一条稳定的白光带,进站信号表示灯点亮绿色灯光。

排列发车进路时,以出发线的出站信号按钮为始端,以相反方向的进站信号按钮为终端。发车进路只在出站信号机和相反方向的进站信号机之间显示一条白光带,发车股道上则无光带。

排列正线的通过进路时,只需先按下接车端的通过按钮,然后按下发车端相反方向的进站信号按钮(双线区段为列车终端按钮)。正线的通过进路也可分段办理。必须分段办理时,原则上应先排发车进路,后排接车进路。

(3)6502 电气集中非正常办理:在设备故障情况下,例如道岔不能转换、轨道区段红光带等,办理列车作业、调车作业。

①排列进路时误按了按钮怎么办?

6502 设备采用双按钮制,无论是单独操纵道岔、排列进路、取消进路,还是人工解锁进路,这些重要的工作都必须按压两个按钮后电路才能动作,其目的就是防止误动。排列进路时,如果误按了另一个按钮,在按钮表示灯闪光期间,只需按一下取消按钮,即可取消错误的指令,如果按钮表示灯已经点亮稳定灯光,就必须同时按压总取消按钮和该按钮,才能取消错误的指令。

如果在排列进路时,终端误按了与之并排的另一种类的按钮,如排调车进路时,终端误按了列车按钮,或排列列车进路时,终端误按了调车按钮,此时,均可不必取消重排。因为在6502 设备的电路中,办理进路的性质是由始端按钮决定的,终端并不做区分,只要始端是正确的,进路照样会排出,联锁关系也不会受影响,但是必须禁止有意识地这样做。

②为什么不能预排进路?

预排进路就是在一条进路未解锁之前,就排列另一条跨及前一条进路的进路。虽然就电路而言,6502 设备完全具备这种储存功能,但是操作规程仍然规定禁止预排进路,这是因为:

a. 预排进路会造成进路上的道岔定、反位操纵继电器接点长时间跳动,从而影响元件寿命。

b. 6502 继电集中操作简便,动作迅速,只要前一条进路的相关区段一旦解锁,就可以利用它排列另一条进路,新进路只需几秒钟就会建立,因而完全没有必要去预排。

③控制台上为什么会出现异常现象?

6502 继电集中设备虽然十分安全可靠,但使用中也常常会出现各种各样的异常现象。比如:区段无车,但光带却有时会变红;个别区段有车占用,光带却不变红或时红时灭;应该解锁时却不解锁等。我们知道,6502 继电集中设备是靠成百上千个继电器组成几十乃至上百条电路来实现道岔、信号机、进路之间极其复杂的联锁关系的,继电器是一种机械设备,它是靠衔铁的吸起或释放带动推杆上升或下降从而使接点接通或断开,然后靠接通或断开的接点来控制另一条电路,最终实现道岔、信号、进路之间的联锁。首先,衔铁、推杆、接点都有一个灵敏度问题,接点还有一个接触是否良好的问题,长期使用中的设备,尤其是新开通的设备,都难免有这样那样的故障,反映在控制台上就可能出现各种异常现象。其次,一些外部因素也可能使控制台出现异常反应,比如大雨天气可能使某些区段出现红光带;轨面严重锈蚀或粉尘、油污过多可能使轨道区段有车“压不死”(无红光带);轨道电源停电或交流瞬间停电会使控制台出现红光带或白光带。

④道岔区段或股道区段无故出现红光带如何处理?

道岔区段或股道区段无故出现红光带时,应派人查明该区段是否有机车、车辆占用。确认无机车、车辆占用后,应认为是电路故障。必须立即在《行车设备检查登记簿》上登记,并通知信号工区处理。在未处理前,接车可开放引导信号,发车必须停止基本闭塞,改为电话闭塞,凭路票发车。如果必须扳动进路上的道岔,可以手摇转换。此时,接车可按引导总锁闭办法开放引导信号。

⑤看到挤岔报警怎么处理?

挤岔报警有两种可能:一种是道岔确实被挤;另一种是道岔在转换过程中因故受阻(如有异物夹在尖轨与基本轨之间),时间超过13s仍不能到位,使道岔表示无法返回。

第一种情况必须立即通知工、电部门维修。

第二种情况必须立即取消原排进路,然后将道岔反复扳动数次,或许能将异物挤碎,使道岔到位。如果仍不能到位,应派人现场检查,排除障碍。如无障碍,必须立即登记,并通知电务维修。听到报警后,切不可只将挤岔按钮按下了事,因为这样做很可能烧坏转辙机电机。

任务二:计算机联锁操作

任 务 单

项目名称	联锁系统	任务名称	计算机联锁操作
训练目的	1. 掌握计算机联锁操作方法。 2. 掌握采用计算机联锁设备时《行车组织规则》有关规定		
实验工具	计算机联锁设备、计算机联锁模拟软件		
方法步骤	计算机联锁基本操作:办理进路、解锁进路、转换道岔、道岔的锁闭和解锁、道岔的封锁和解封锁等。具体操作如表1所示。		

办理手续一览表 表1

序号	作业性质	类 型	操作办理方式
1	列车进路	建立进路	列车始端按钮→(变更按钮)→列车终端按钮
2		取消进路	总取消按钮→列车始端按钮(接近区段无车列)
3		取消进路	总人解按钮→密码→确认→列车始端按钮(接近区段有车列)
4	调车进路	建立进路	调车始端按钮→(变更钮)→调车终端按钮(顺向调车终端按钮、并差置的反向调车终端按钮)
5		取消进路	总取消按钮→调车始端按钮(接近区段无车列)
6		取消进路	总人解按钮→密码→确认→调车始端按钮(接近区段有车列)
7	引导进路	建立进路	引导按钮→密码→确认(道岔位置正确)(进路第一区段出现故障时,应每15秒补办一次)
8		取消进路	总人解按钮→密码→确认→接车始端按钮

方法步骤

续上表

序号	作业性质	类　型	操作办理方式
9	引导总锁闭	建立	道岔总锁闭:引导总锁闭按钮→密码→确认;开放引导信号:引导按钮→密码→确认
10		取消	引导总锁闭按钮→密码→确认
11	道岔封锁	建立	道岔封锁按钮→道岔缺口(自动弹出道岔名称和区段名称框)
12		取消	道岔封锁按钮→道岔缺口(自动弹出道岔名称和区段名称框)
13	道岔单锁	建立	道岔单锁按钮→道岔缺口(自动弹出道岔名称和区段名称框)
14		取消	道岔单解按钮→道岔缺口(自动弹出道岔名称和区段名称框)
15	按钮封锁	建立	按钮封锁按钮→被防护的列车、通过、调车、变更按钮
16		取消	按钮封锁按钮→被防护的列车、通过、调车、变更按钮
17	车次窗	建立车次	鼠标右键单击股道光带→选取车次→确认
18		取消车次	鼠标右键单击股道光带→删按钮→确认
19	股道封锁	建立股道封锁	股道封锁按钮→股道光带(出现红黄相间的双包边的光带)
20		取消股道封锁	股道封锁按钮→股道光带
21	区间封锁	建立区间封锁	区间封锁按钮→股道光带(出现红黄相间的双包边的光带)
22		取消区间封锁	区间封锁按钮→股道光带
23	信号名称	信号名称显示	信号名称按钮
24		信号名称消失	信号名称按钮
25	道岔名称	道岔名称显示	道岔名称按钮
26		道岔名称消失	道岔名称按钮
27	道岔方向	定、反位显示	道岔方向按钮
28		定、反位消失	道岔方向按钮
29	区故解	区段人工解锁	区故解按钮→密码确认→待解区段道岔缺口或无岔区段任意处,如系统判为区段分路不良,延时30s解锁,办理前提:该进路始端必须先用总人解按钮取消过
30	复原	取消误碰按钮	复原按钮
31	重复开放信号		鼠标右键单击始端按钮→确认
32	道岔单操定位或反位		总定位或总反位按钮→道岔缺口
33	开机后的上电解锁		上电解锁→密码→确认→待解区段道岔缺口或无岔区段任意处
34	查看所有含密码按钮的记录		计次按钮
35	轨道电路停电恢复解锁		区故解按钮→密码→确认→道岔缺口(整个咽喉的每一个区段均需要依次解锁)上电解锁→密码→确认
36	坡道解锁		坡道按钮→密码→确认→延续进路始端的列车按钮

习题

1. 学生在实训报告中体现出操作的过程。这是需要反复练习的过程,必须牢记。
2. 对操作过程中出现的各种故障要详细记录,以防下次出现同样错误

工 作 单

项目及配分		实训内容及评分标准	扣分	得分
操作技能	操作程序(30分,每漏、错一项扣5分)	1. 按要求分组,选出组长		
		2. 在“行车设备检查登记簿”中登记		
		3. 办理列车进路		
		4. 办理调车进路		
		5. 操纵道岔		
		6. 开放引导信号		
		7. 处理挤岔		
		8. 办理取消进路		
		9. 作业完毕,销记		
	质量(30分)	1. 不能办理作业,每处扣5分		
		2. 测试记录漏项,每项扣5分		
		3. 不清楚办理方法(教师提问),扣10分		
		4. 记录不清楚,每处扣5分		
工具使用(10分)		1. 操作方法错误,纠正一次,扣5分		
		2. 损坏器材,扣10分		
		3. 损坏工具、仪表,扣5分		
安全及其他(10分)		1. 未按规定着装,扣3分		
		2. 凡发生设备报警,每次扣5分		
		3. 作业在30min内完成,每超1min扣2分,超过5min停止实训		
自评(10分)		意见:		
互评(10分)		意见:		
合计(100分)				

小贴士

(1)默认方式为鼠标左键单击按钮。

(2)非正常情况下计算机联锁设备的操作。进步不能办理的原因大致如表6-7所示。

进步无法办理原因　　表6-7

1	选排的进路中有道岔单锁(包括防护道岔)
2	选排的进路中有道岔封锁(包括防护道岔)
3	选排的进路中的防护道岔不能带到规定的位置
4	选排的进路中有未解锁的区段
5	选排的进路中有占用区段或轨道电路故障的区段
6	选排的进路中有超限区段占用
7	选排的进路中有道岔挤岔或室外道岔处于钉固状态
8	选排的进路中的始端或终端按钮处于封锁状态
9	选排的进路的信号机灯丝断丝

10	选错始端、终端按钮;如列车始端—调车终端等
11	选排的进路本的咽喉处于引导总锁闭状态
12	选变更进路时,未按变更按钮
13	列车发车时,未办理区间闭塞手续或区间处于封锁状态
14	列车接车时,另一咽喉有敌对进路(列车、调车、引导进路)或股道处于封锁状态
15	调车进路不能由两侧同时向无岔区段选排调车进路(除非特殊要求)
16	调车进路不能向未授权同意的机务段、专用线、场间联络线选排进路
17	引导信号选排至股道,但是进路道岔位置不对(防护道岔位置不对)
18	引导信号不能向非接车股道排列进路
19	引导信号不能向无列车接车的股道选排进路
20	引导总锁闭后,应继续办理引导信号手续才能开放引导信号
21	鼠标器点压不到底,没有短促的鸣响或者语音提示
22	密码输入错误或忘记按下"确认"按钮
进路不能解锁的原因可能如下:	
1	按下[总人解]后,按错始端按钮
2	手续错误:正确手续如下 第一步:总人解→密码→确认→始端按钮 第二步:区故解→密码→锁闭道岔区段缺口或无岔区段→确认

(3)学习城市轨道交通车辆段采用计算机联锁设备时关于列车、调车作业的有关规定,信号操作员、值班员按表6-8所列顺序反复练习操作。

设备相关操作 表6-8

1	道岔定位、反位、无表示的判断
2	红光带、绿光带、白光带的显示意义
3	信号机名称、道岔名称、道岔方向的显示与消失
4	道岔的定位、反位操纵
5	道岔单锁和单解的办理及取消
6	道岔封锁和解封的办理及取消,道岔封锁后的定位、反位操纵
7	道岔封锁后的定位、反位进路的办理及取消
8	区间封锁、股道封锁、按钮封锁的办理
9	列车接车、发车、调车、引导、引导总锁闭的办理及取消
10	重复开放列车接车、发车、调车、引导信号
11	车次的输入、修改、取消
12	停电恢复后,区段的解锁的办理
13	坡道解锁办理
14	计数的查阅办理
15	区段人工故障解锁的办理
16	区间闭塞、区间复原、区间事故的办理

任务三:模拟车辆段作业

任 务 单

<table>
<tr><td>项目名称</td><td>联锁系统</td><td>任务名称</td><td>模拟车辆段作业</td></tr>
<tr><td>训练目的</td><td colspan="3">1. 掌握城市轨道交通车辆段联锁设备的操作方法。
2. 在作业中准确执行《行车组织规则》有关规定</td></tr>
<tr><td>实验工具</td><td colspan="3">城市轨道交通车辆段沙盘、与沙盘连接的联锁设备</td></tr>
<tr><td>方法步骤</td><td colspan="3">1. 电动列车进入车辆段洗车线。
2. 电动列车从正线进入车辆段停车线。
3. 电动列车从车辆段停车线进入正线。
4. 轨道车在车辆段内的调车作业。
5. 在设备故障情况下正确执行有关规定,办理车辆段内作业。
方法如下:
(1)列车进路。
先点压始端信号按钮,例如 D_1 信号,相应的 D_1 信号名称黄色闪光,并在屏幕下端提示:“始端—X205”。再点压终端信号按钮,例如点压 D_1 信号,相应的 D_1 信号名称绿闪,屏幕下端提示变为:“始端—D_1-终端—S_1”。若满足选路条件,则开始动岔、锁闭进路、开放信号。若选路条件不满足,则在提示下面输出不满足的原因,如:“××道岔被封锁”、“××设备被征用”。图 1 为显示界面。
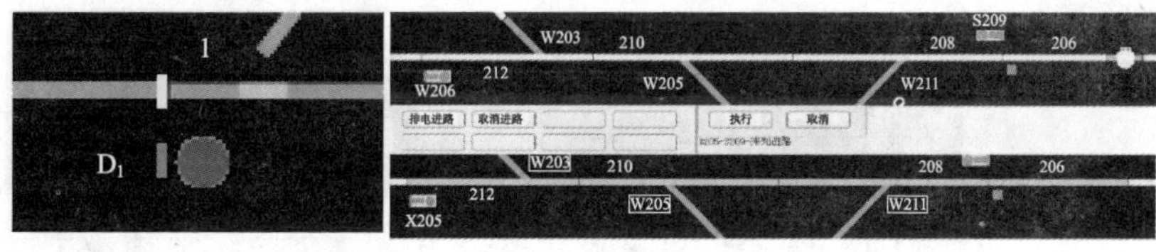

图 1　显示界面
(2)调车进路。
调车进路同样点压始端、(变更)、终端按钮办理。
调车进路的办理方法和显示与列车进路相同。
(3)对原铅封按钮的相应办理。
为办理慎重起见,相对于原铅封按钮点压后,屏幕将提示输入口令,点压口令后操作才被执行,微机系统自动记录,并且在屏幕提示栏有记录显示。
以总人解 X 进路为例:先点压“总人解”按钮,此时屏幕上命令提示“请输入口令 -1　2　3 -”,据此依次点压数字 1、2、3,正确后再点压 X 按钮,此时操作被执行(图 2)。
(4)误办的进路,需要变更时,需点压“总取消”或“总人解”按钮和“始端”按钮取消进路,当接近区段有车占用时,必须点压“总人解”按钮和进路始端按钮,延时 30s 或 3min 后解锁(图 3)。
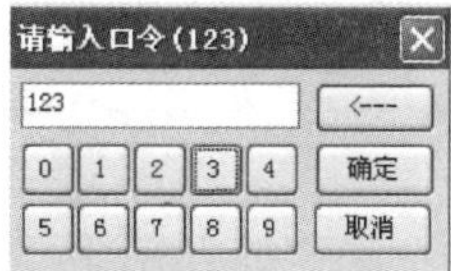

图 2　口令密码
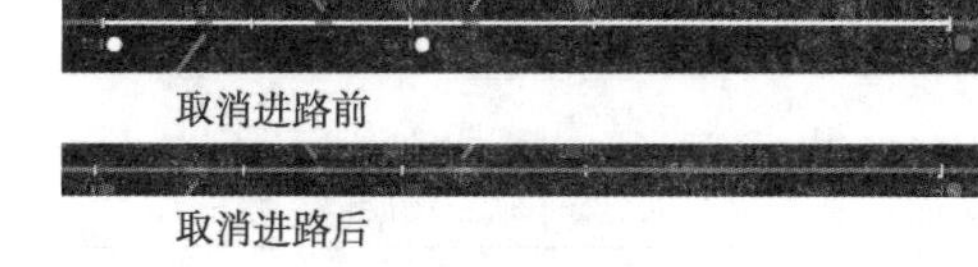

图 3　取消进路
(5)车列出清道岔区段和股道时先显示绿光带,待进路解锁后恢复灰光带。
(6)单独操纵和单独锁闭道岔(图 4)。
道岔区段在锁闭状态时,允许办理单独操纵道岔。同时点压“定操”(反操)按钮和“道岔”按钮。</td></tr>
</table>

方法步骤

点压“单锁”按钮和“道岔”按钮，显示红色道岔号。点压“单解”和“道岔”按钮，道岔解锁。

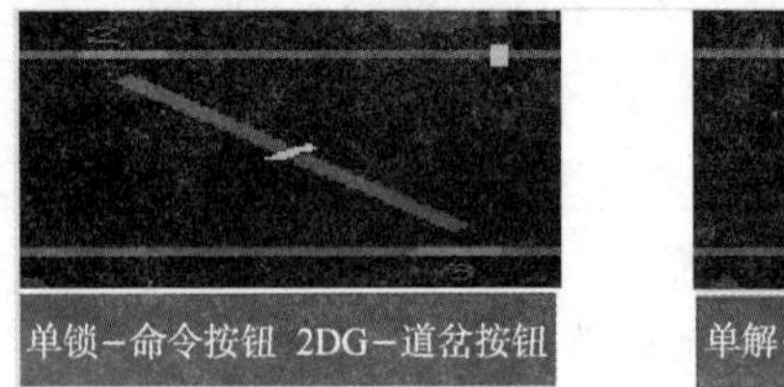

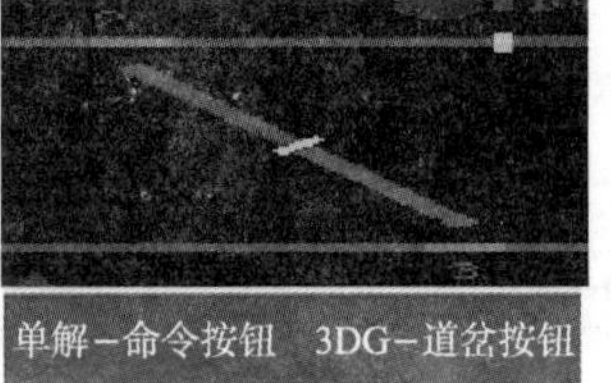

图4　单独操纵和单独锁闭道岔

(7)封锁信号和封锁道岔(图5)。

先按封锁按钮，再按压信号按钮或道岔按钮，这时信号机外套上白色方框，道岔编号显示白色，表明信号机按钮已不能再进行操作，道岔也不能再排路。

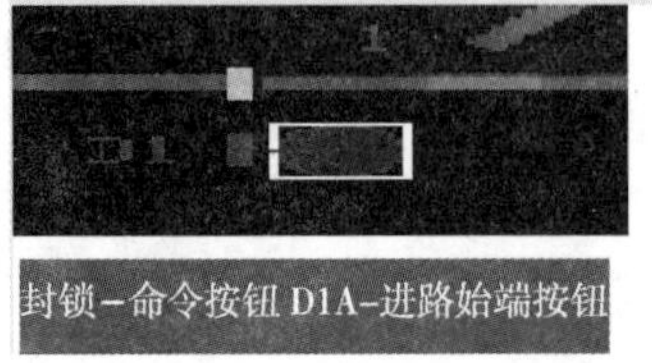

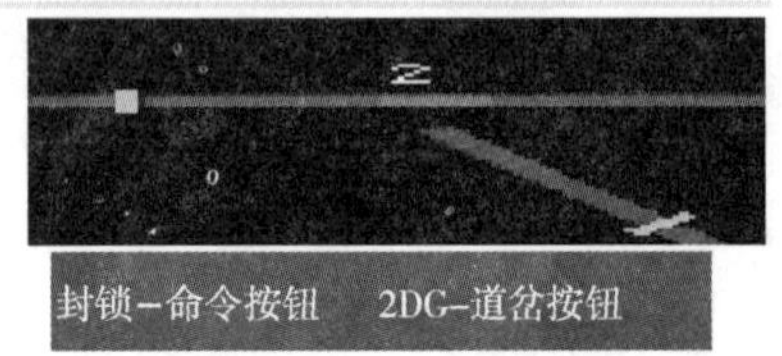

图5　封锁信号和封锁道岔

(8)解封信号和道岔(图6)。

先用鼠标左键点击“解封”按钮，再按压信号按钮或道岔按钮，这时信号机外的白色方框消失或白色道岔名消失，表明该信号或道岔的封闭取消。

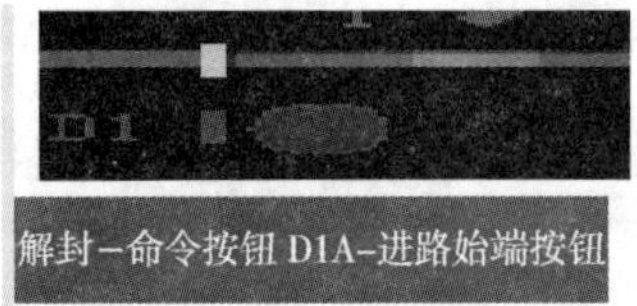

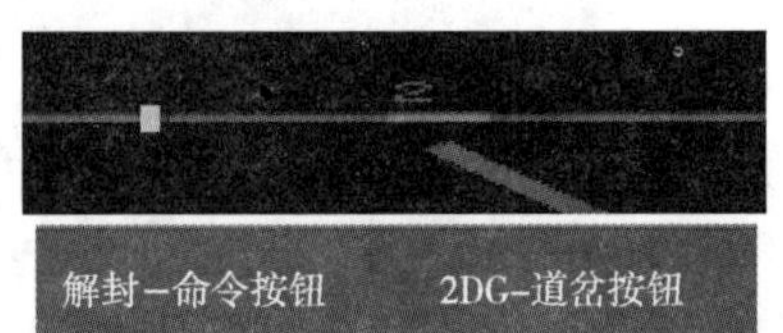

图6　解封信号和道岔

习题	1. 学生在实训报告中体现出操作的过程。这是需要反复练习的过程，必须牢记。 2. 对操作过程中出现的各种故障要详细记录，以防下次出现同样错误

作 业 单

项目及配分		实训内容及评分标准	扣分	得分
操作技能	操作程序(30分，每漏、错一项扣5分)	1. 按要求分组，选出组长		
		2. 在“行车设备检查登记簿”中登记		
		3. 办理列车进入车辆段洗车线		
		4. 办理列车从正线进入车辆段停车线		
		5. 办理列车从车辆段停车线进入正线		
		6. 办理轨道车在车辆段内的调车作业		
		7. 处理故障作业点		
		8. 办理取消进路		
		9. 作业完毕，消记		

项目及配分		实训内容及评分标准	扣分	得分
操作技能	质量(30分)	1. 不能办理作业,每处扣5分		
		2. 测试记录漏项,每项扣5分		
		3. 不清楚办理方法(教师提问),扣10分		
		4. 记录不清楚,每处扣5分		
工具使用(10分)		1. 操作方法不对,纠正一次,扣5分		
		2. 损坏器材,扣10分		
		3. 损坏工具、仪表,扣5分		
安全及其他(10分)		1. 未按规定着装,扣3分		
		2. 凡发生设备报警,每次扣5分		
		3. 作业在30min内完成。每超1min扣2分。超过5min停止实训		
自评(10分)		意义:		
互评(10分)		意义:		
合计(100分)				

参 考 文 献

[1] 王青林. 城市轨道交通通信与信号系统[M]. 北京:人民交通出版社,2012.

[2] 李伟章,杨海红. 城市轨道交通通信[M]. 2 版. 北京:中国铁道出版社,2013.

[3] 林瑜筠. 城市轨道交通信号[M]. 3 版. 北京:中国铁道出版社, 2015.

[4] 林瑜筠,魏艳,赵炜. 城市轨道交通信号基础设备[M]. 北京:中国铁道出版社, 2012.

[5] 上海申通地铁集团有限公司,轨道交通培训中心. 城市轨道交通专业培训系列教材:城市轨道交通信号技术[M]. 北京:中国铁道出版社, 2012.

[6] 王燕梅,宋保卫. 城市轨道交通信号与通信系统[M]. 北京:中央广播电视大学出版社, 2014.

[7] 赵跟党,张玮. 城市轨道交通信号常见故障及应急处理[M]. 重庆:重庆大学出版社, 2014.

[8] 张利彪,颜月霞. 城市轨道交通信号与通信系统[M]. 2 版. 北京:人民交通出版社, 2015.

[9] 苗吉祥. 城市轨道交通司机信号系统结构与维修[M]. 北京:机械工业出版社, 2012.

[10] 张德昕,喻喜平. 城市轨道交通联锁设备维护[M]. 四川:西南交通大学出版社, 2012.

[11] 杨志红. 铁路安全型继电器检修及调整工艺[J]. 中国新通信,2013(15).

[12] 马小平. 城市轨道交通设备维修策略研究[J]. 铁道通信信号,2010(02).

[13] 冀欣. 浅谈轨道交通 LED 信号机的原理及维护[J]. 机械与电子,2012(35).

[14] 刘国平. ZDJ9-K170/4K 型转辙机的养护与维修[J]. 铁道建筑技术,2014(10).

[15] 江书平. S700K 型电动转辙机维修重点及故障处理方法[J]. 铁道通信信号,1998(05).

[16] 任建雄. 浅谈 S700K 转辙机养护维修[J]. 科技资讯,2015(33).

[17] 杜建功. 25Hz 相敏轨道电路维修及故障处理[J]. 中国新通信,2013(05).

[18] 谢保锋. 车站计算机联锁系统的现状与发展[J]. 交通运输系统工程与信息,2004(04).